JN281375

教養のブックガイド

小林康夫／山本　泰――［編］

東京大学出版会

How to be a Cultured Person: A Handbook
Yasuo KOBAYASHI and Yasushi YAMAMOTO, Editors
University of Tokyo Press, 2005
ISBN 978-4-13-003323-7

はしがき

編者

本書は、「教養」という言葉を軸にしたブックガイドです。

言うまでもなく現代において「教養」という言葉が何を意味するのか、かならずしもはっきりしているわけではありません。それぞれの考え方もまたちがいます。しかし自分の心を育て、世界を学ぼうと決意していらっしゃる若い人びとにどんな本を薦めるか、それを選ぶ作業を通じておのずから「いま、教養とは？」という問いにも答える努力をしてみたいのです。

原点はただひとつ、本こそ、「教養」の核の形成に最適の、おそらく不可欠のものだ、ということです。

もちろん本書が取り上げる本のリストがそのまま今日の「教養」のスタンダードだと主張するわけではありません。日々、大学という教育と研究の場所で若い人びとと向かいあっているわれわれが、ひとたびそれぞれの専門領域を離れて、一緒に「人間の問い」を問うために読みたい本をあげてみる――そのうちの一冊でも、読者の皆さんを読むことへと誘惑する事ができれば倖いです。その一冊を出発点として皆さんが自分なりのブックリストをつくってくださることを願っているのです。

この本は、東京大学教養学部に設置されている教養教育開発室による教材開発事業の一環として編集されました。

教養のためのブックガイド——目次

第IV部

コラム　〝私の薦める本〟

読者の皆様へ――書誌情報について

① 書誌情報は、本文中と下段の書影（本の表紙の写真）のキャプションおよびそれぞれの章末のブックリスト、以上三箇所に表示しました。本文中での書誌情報は必ずしも統一されていませんが、書影には著者名・書名・出版社を表示し、原則として、詳しい書誌情報は章末のブックリストにまとめました。ブックリストには、推薦者のあげた版に加えて、別の版がある場合は［　］内に示しました。なお、コラムの推薦書については、巻末の二二四頁にまとめて掲載しました。

② ブックリストの書誌情報は、原則として、流通している中から入手しやすいものを掲げました。優先順位は、①文庫本→②単行本→③全集・著作集など――①・②では不十分な場合――です。

③ 書誌情報は、二〇〇五年二月末現在です。

第I部

いま、教養とは？

1

存在の深さ、文化の厚み

小林康夫

これからお読みいただくこの本は、たったひとつの望みによって導かれ、貫かれています。それは、大学生を中心とした若い人に、――たとえば授業で教科書や参考書として指定される本以外に――できるだけたくさんの、さまざまな種類の「よい本」を読んでもらいたいという望みです。必要に迫られて、特定の目的のために読むのでも、単に娯楽のために読むのでもなく、自分の知らない世界を知ろうとして、あるいは人間というものをより深く理解するために、さらには昔風の言い方をあえて使えば、みずからの精神ないし人格を「養う」ために本を読む――そのような習慣を若い人々に身につけてもらうためのひとつの「きっかけ」や「うながし」になること、それがこの本の願いです。

このような願いがここにこうして一冊の本、つまり一冊の「本のための本」として構想されるに至ったには、それなりの背景があります。それは端的に、われわれが東京大学で教えていて、その教育の現場で日々「学生が本を読まなくなった」そして「当然知っているべきことを知らない」という事態に立ち会っているからです。講義のあと控え室に戻ってきた教師が、悄気きって「学生がレンブラントという名を知らなかった」とか「『資本論』がどういうものかわかっていない」と嘆くようになったのは十年前くらいからでしょうか。特定のある領域には、まさに「オタク」的とも形容すべき驚くべき知識を持っているにもかかわらず、他者とのコミュニケーションの基盤となるオール・ラウンドな「教養」とでも呼ぶべきものがストンと欠落している──少し戯画的に言うなら、このような学生が増えてきているように痛感されます。

言うまでもなく、これは単純にそれぞれの学生の責任だというわけではありません。どこかに「教養」のためのスタンダードが存在しているのに、学生が怠けてそれを勉強していない、というのではないのです。

かつて一九五〇年代から六〇年代にかけては、日本でも、さまざまな全集が発行されました。『世界文学全集』、『世界の名著』、さらには各種の百科事典……それらは膨大な数を売り上げました。多くの家庭の茶の間にそのような全集が侵入したのです。

まったく個人的なことですが、わたし自身、そうした全集によって、中学生から高校生にかけて『カラマーゾフの兄弟』（ドストエフスキー）も『細雪』（谷崎潤一郎）も『ツァラトゥストラはかく語りき』（ニーチェ）も読みました。どのくらいの冊数を読んだかは個人差もありましょうが、少なくとも七〇年代までは、多かれ少なかれ、「教養」を形成する古今東西のそのような「名著」のスタンダードが、イメージないし観念として共有されていたと思います。

これには、もちろん歴史的な背景があります。それは、戦争の荒廃そして軍国主義へと傾斜した文化の崩壊を経験した人々が、それまでの文化とはまったく異なった新しい文化、今度こそは「人間」という理念を中心にした文化を学び、生み出そうと憧れ、努力したということです。たとえそれがしばしば見せかけの「文化的なポーズ」に終わってしまうことがあったとしても、しかし「人間的な文化」への熱い想いは人々に共有されていたのです。

ここで決定的に重要なことは、「人間」とは学ぶべきなにかだということです。つまり、それは少しも自明ではない。自分が人間であること、われわれが人間であること、そんなことは誰もが知っています。しかし、真に「人間的な文化」、すなわち「人間」という理念がその中心にあるような「文化」を作り上げるためには、それでは全然、充分ではない。なぜなら「人間的な文化」とはなによりも「人間」のうちに

「理想」を見いだそうとする文化だからです。その「理想」はけっしてこれこれ、あるいは誰々という具体的な存在としての人間ではありません。「人間」の現実の姿を通して「人間」の「本質」を見いだし、その「本質」を「理想」として未来の文化へと結びつける――そのような巨大なプログラムこそ、ある意味では「modernity（近代＝現代）」というものなのであって、そのプログラムのためにはなによりも、すべての市民が「人間」を学ばなければならないのです。そこに「教養」が教育の根幹として不可欠なもの、あらゆる専門的な知の教育に先立って優先されるべきものと見なされる根拠があるのです。

しかし、「人間」を学ぶとはいえ、それはどこか「人間とは何か？」についての端的で明快な定義なり知識なりがあって、それを覚えればいい、というわけではないのです。「人間とは何か？」についての普遍的に妥当する答えがあらかじめ用意されているわけではない。いや、「人間的な文化」というものは、なによりも「人間」の「理想的な本質」を実現しようとすること以外のなにものでもないのです。答えがわかっているのではなく、その難しい問いに答えようとすることのひとつひとつこそが文化をつくりだすということです。それ故、その仕方はきわめて多様です。「人間」を学ぶとは、人間が歴史のなかで「人間」を問い、その「理想的な本質」を現実として生み出そうとしたその多様なあり方を学ぶということ、そしてそれを通してみずからもそのような文化をつくりだすことを学ぶということなのです。

「人間」は普遍的な、一般化可能な理念ですから、ある意味で抽象的です。小林秀雄――という名もいまの大学生の多くにとっては知らない名なのかもしれないと惧れながら言うのですが――流の気の利いた、そして気の利いただけの表現をすれば、(普遍的な)「人間」などというものは存在しない。現実に存在するのは個々の具体的な人間だけである、ということになるでしょう。しかし、特定の歴史的状況、地理的制約、文化的な文脈に拘束された個人が、その特異な個人性において行い生み出した思考、作品、仕事がそれでもなお、その特異性を通じて、普遍的な「人間とは何か?」に開かれているということが重要なのです。

それぞれの特定な状況のもとで、それぞれ異なった仕方で、しかし普遍的な問いが問われている――それが重要なのだとすると、当然のことながら、この「人間」の学びにおいては、複数の異質なものを学ぶことが不可欠になってきます。「人間とは何か?」あるいは「世界はどのようにあるのか?」という問いがただひとつの書物に還元されてしまうような信念体系のもとでは、「教養」は意味がないでしょう。みずからの信念体系――それもまた重要なのですが――の外にある「人間」の問いを理解することが肝要なのですから。みずからの生きる現実を超えて「人間」の問いを生産的に持続できることこそが問題なのですから。

こうして考えてくると、「教養」のためのアイテムが、本質的に、異質なものを含む複数のものであるべきだ、ということがわかります。しかし、同時に、絶対的にこれでなければならない、というものがない、こともわかります。確かに、世界のきわめて多くの人びとがそれに基づいた信念体系を生きていることからするとたとえば『聖書』を、あるいは『コーラン』を、さらにはいくつかの『仏典』を読んでおくことはよいかもしれませんが、しかしそれは必須というわけではありません。『カラマーゾフの兄弟』も『細雪』も『ツァラトゥストラはかく語りき』も絶対必読というわけではありません。ドストエフスキー、谷崎潤一郎、ニーチェの名を知らなければならないということなどありません。

それに「教養アイテム」のリストが可能だとして、それはいったいどのくらいの数のオーダーなのか。たとえば書物という形態だけを考えても、大学生活4年間と限ったときに、いったい一般的に何冊の本が読めるだろうか。せいぜい数十冊でしょうか。そのようなオーダーのなかに、われわれがいま、比較的容易に本という形で手にすることのできる「人間の問い」に開かれたすべてのアイテムをリスト・アップすることなど不可能です。いや、すでに述べたことからも明らかなように、どの本がこのリストに含まれるべきかなどという絶対的な基準などはないのです。にもかかわらず、――ここが本書の主張なのですが――なんらかのリストは可能です。いや、われわれが少なくとも「人間的な文化」という理念のもとに学ぼうとする限りにおいては、誰にとっても等しく同じリストと言うのではなく、むしろそれぞれの人が自分なりの仕方で、自分にふさわしくその問いを学ぶためのリストがあるべきなのです。

　そしてそのリストは日々更新されていくべきです。すなわち、ほんとうの意味で教養なるものがあるとしたら、それには終わりがありません。これだけ学ぶと習得できて単位がもらえるというようなものではないのです。そうではなく、何かの役に立つからでも、なんらかの利益があるからでもなく、ただ純粋に、みずからの存在の深さを耕すためにのみ学びつづけようとすることなのです。それ故にそれは、ほんとうは、自分自身を大切にするひとつの仕方にほかならないのです。

　われわれはここにこうして生きて存在していますが、しかしその存在は自己が意識しているかぎりの表層的なものではなく、自分がまだ知らないさまざまな特性や可能性を秘めた底しれない深さをもっています。しかもその可能性は、単に自分だけの可能性ではなく、他者とともに分かちあえるような、他者との分かち合いそのものに開かれているような理想や可能性が埋もれているのです。しかし、地中深く埋もれた宝石のようなそうした力は、しばしばわれわれ自身のものでありながら、しかし意識的な自己によってはそこに到達できません。外からの、他者からの刺激によってみずからの存在の深さを耕すことがなければ、なかなか現れてこないのです。他者と出会ってコミュニケーションすることの重要性がそこにあります。

　人間という生命は、生命の内部に遺伝情報を持つばかりではなく、言語あるいはその他の媒体を通じてその外部に膨大な情報をもつという特異性をもっています。この外部の情報の流れこそ、まさに歴史ということにほかなりません。歴史を通じてわれわれは、単にいま現に関係を結んでいる他者ばかりではなく、顔も知らない無数の他者と結ばれています。そしてそれこそが文化の厚みでもあるのです。教養の本質は、この文化の厚み、歴史の流れにおいてみずからの存在の深さを耕すということなのです。

耕すということは、単に表層の意識によって瞬時に消費されるような単なる情報としてではなく、それを消化し、それにほんとうに出逢うためには、みずからの想像力と思考とがぎりぎりの限界にまで励起されるような経験を持つということです。自分の存在の深さに降りていくための時間が与えられなければならないのです。その時間、そのリズムを、自分にとって自由に組織することができることにおいて、また、わずかな容量に膨大な、見かけよりは遥かに膨大な、汲みつくしがたいイメージが隠されているそのコンパクト性において、本こそ、もっとも経済的なメディアであり、もっとも個人化されたメディアなのです。言語とは、そこから無数のイメージが生まれてくる構造です。イメージが葉であるとしたら、言語は樹の幹であり枝であり、それは枯れ木に見えても春が来ればたちどころに無数の葉がそこから生まれてくるのです。本というのは、その意味でまるで一本の樹です。一冊の本を読むということは、自分の心の土壌に他者の心を一本の樹として育てるということです。樹を育てることを通じて、その根が伸びていく自分の心の大地が深く耕されるのです。

とすれば、樹はそれが樹ならばなんでもいいのだ、とも言えます。しかしできるならば、もっとも深いところにまで根を伸ばしていき、もっとも高いところにまで梢を届かせる大きな樹を育てるべきでしょう。もちろん多少の困難はつきまといます。しかしその困難の時間こそ、まさに人間として自分を育てるためのレッスンの時間なのです。

C　O　L　U　M　N

教養がなくってごめんなさい

野矢茂樹

「教養学士」というのを二個、もっている。理系を一度卒業して、それから科学史・科学哲学に学士入学して、どちらも教養学部だったので、そういうことになった。というわけで、（教養×2）な私だが、実は、とても無教養である。実のところ「教養」の意味すらよく知らないのだが、ともかくものを知らない。博識すなわち教養というわけではないにしても、ほどというものがある。シャレにならない。できれば隠しておきたかった事実である。生来、知識を増やすことにあまり関心がなかった。本もあまり読まなかった。いまもけっして読書家ではない。だから、何か三冊挙げろ、という注文に呻いている。他の先生は多すぎて呻くのだろうが、私の場合、なくて呻いている。呻きながら、二冊の本を思い出した。思春期のころ、バタイユの『眼球譚』に入れ込んだ。なかなか人前で読めない過激な本だ。でも、高校から大学にかけて、そんな、身体の芯に鋭利な刃物を潜ませていたい気分だったんだな。それから、もう少しあとでは、大学から大学院にかけてのころだったか、西脇順三郎の詩集がすごくだいじな本だった。文庫本をよく持ち歩いて読んだ。なんていうのか、その二冊は全身で受けとめようとしたって感じだったと思う。あれからもう、そんなことはなくなってしまった。いま読む本は、だいたい自分のどこか一部分で読んでいる。もうきっと仕事でも娯楽でもない、あのころのような読書はできないに違いない。だから、三冊目は、もうない。ちぇっ、十代・二十代にもっと本を読んどきゃよかった。反省している。

『西脇順三郎詩集』（現代詩文庫，思潮社，1979 年）

2

〈人間〉と〈チンパンジー〉のあいだで

長谷川寿一

人間はどこまでチンパンジーか

さっそくですが、現生の大型類人猿（チンパンジー、ゴリラ、オランウータン）とヒト（ホモ・サピエンス）の分子系統樹を眺めてみてください（図1）。チンパンジーの枝と現代人の枝が隣接し、ゴリラとオランウータンの枝はその手前で別れていることがわかります。分子時計という手法を用いて進化的な時間に沿って根元の側からたどりなおすと、まず約一三〇〇万年前にオランウータンの群が、ついで約七〇〇万年前にゴリラの群が別れ、最後に約五〜六〇〇万年前に人類とチンパンジーの群が分岐したと推定されます。大きな枝のくくり方によっては、人類とチンパンジー・ボノ

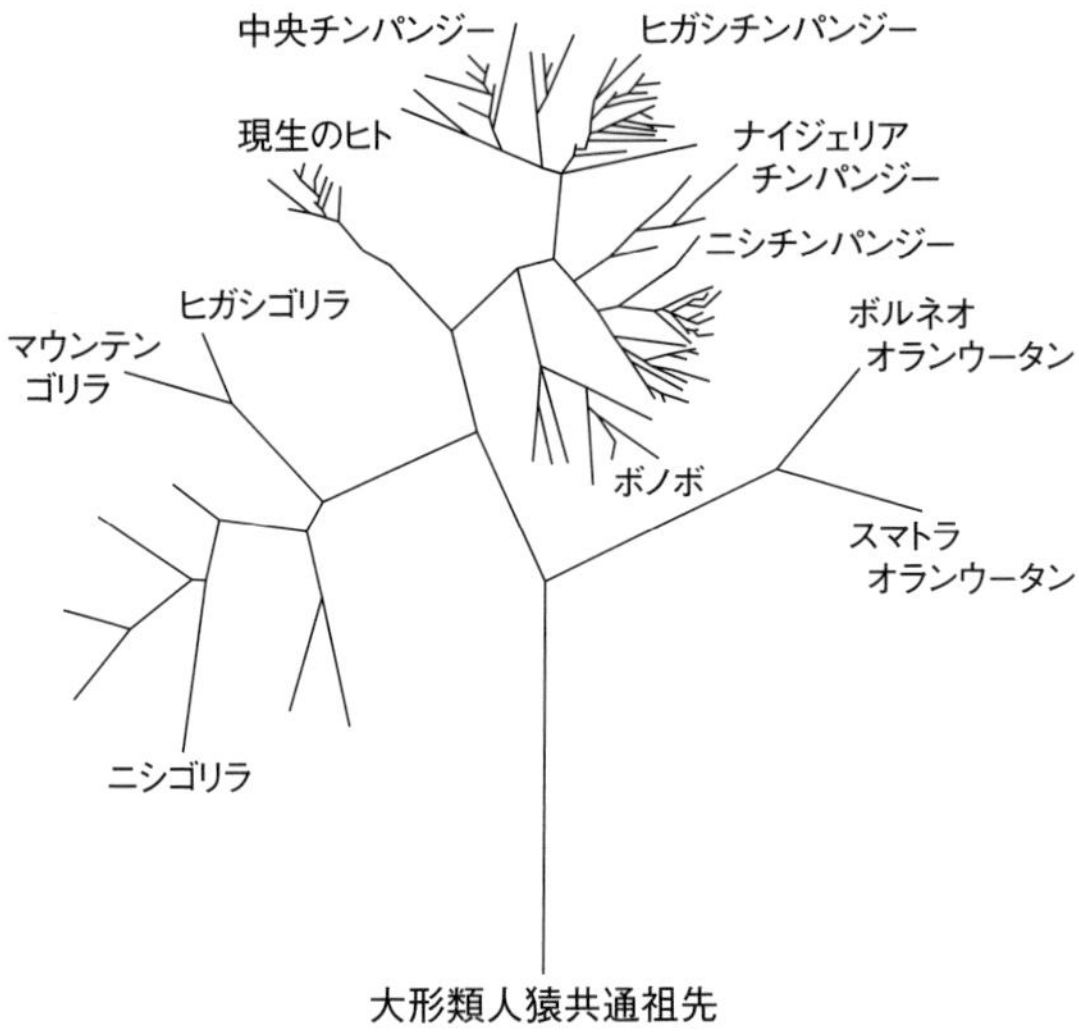

図 1　大型類人猿とヒトの分子系統樹

ボグループを一つにまとめられるので、カリフォルニア大学のジャレド・ダイアモンドは、ヒトを「第三のチンパンジー」と呼びました。ここで重要なことは、チンパンジーとゴリラのどちらがヒトに近いかという細かなことよりも、大局的に見てヒトは大型類人猿グループの外ではなく、その内部に位置しているという事実です。起源を考えれば、人間は何も特別な霊長類ではなく、一介の大型類人猿に過ぎないということです。詳しくは説明しませんが、生物人類学者がこの結論にたどりつくまでには約一世紀という長い年月を要しました（注：ここでは、生物学的な学名（和名）として「ヒト」と一般名詞としての「人間」を使い分けます。「人類」というのは、猿人、原人をも含む大きな分類単位です。またヒトは現生種としては、ホモ・サピエンス（現代人）だけですが、進化的にはホモ・ネアンデルターレンシスやホモ・エレクトゥスなどさまざまなヒトが存在しました)。

ダーウィンの進化学説以降一三〇年以上が経ち、今日では、ヒトが生物界の一員であり進化の産物であるという認識は、いわば常識となりました。ローマ法王庁にしても一九九七年に、進化学説はカソリックの教義と矛盾しないと発表しました。にもかかわらず、人間中心の世界観はそう簡単には崩れていません。人間と他の動物の間には越えがたい一線があり、人間——とくに人間の精神——は特別な存在であるという考えは実に根強いものがあります。先のバチカン発表にしても、「人の心は神から授かったものであり進化論とは関係ない」というただし書きがついていました。

しかしながら前述の分子の証拠にとどまらず、一九七〇年代以降、大型類人猿についての野外研究と実験室での心理学研究が進むと、彼らはたしかに我われと多くの認知能力を共有していることが分かってきました。たとえば、野生のチンパンジーは複数の道具を使い分け、文化の萌芽ともいうべき社会的伝統を備えています。共同で狩りもすれば、権謀術数に長けた「政治」も行い、ときには集団間での「戦争」さえ繰りひろげます。言語訓練を受けた飼育のチンパンジーやボノボ、ゴリラは、数十から百以上の語彙を理解でき、手話や人工言語を使いこなします。京都大学霊長類研究所にいるチンパンジーのアイは、ディスプレイ画面に現れた五~八個の数字をほとんど瞬時に記憶し、それが消えたあとにその場所を昇順でたどることができ、そのスピードは大学院生をしのぐほどです。

これらは、類人猿がいかに「人間的」か、という研究成果ですが、逆に人間の行動がどこまで「チンパンジー的」あるいは「霊長猿的」であるかについても、多くの実証研究が積み上げられるようになってきました。筆者たちの研究グループでは、チンパンジーと人間の幼児を対象として、個体間のコンフリクト行動（いわゆるけんか）の後でどのようなやり取りが見られるかを共通の観察方法で調査しました。すると2種の類人猿は、同じように、けんかの後に当事者たちが落ち着きをなくしてもぞもぞと自分の身体をいじり（自己指向性転位行動と呼びます）、その後、高い確率で「和解する」（具体的には、触れ合ったり、抱きあったり、あいさつしたりする行動）ことが分かりました。これはニホンザルなどでも同じです。集団で生活する霊長類では、日常的な小競り合いがしょっちゅう起こるのですが、彼らは個体同士の葛藤を放っておくことはせず、関係の修復を試みようとします。このような社会的霊長類の間では、社会的ストレスを軽減しようとする共通の生得的心理メカニズムが働いていると考えられます。

かつてダーウィン自身が『人と動物の感情表現』（一八七二）において詳細に検討したように、人間が示すさまざまなしぐさや表情も、よく観察してみると、チンパンジーや他の霊長類との連続性が見て取れます（注：ここでは、著作権の問題があるのでじかにお見せできませんが、インターネットで bushorchimp. com というサイトを検索してみてください。両種の表出行動がいかに似ているかが面白おかしく比較できます）。ダーウィンはまた

『人間の進化』（一八七一）の中では、人間を特徴づける社会的な道徳感情でさえも霊長類やその他の動物にその萌芽が認められると明言しました。ヒトの本性の生物学的ルーツを探究する学問分野は、一九九〇年代以降、欧米を中心に急速な盛り上がりを見せ、進化心理学という新しい領域が形成されるまでになりました。

〈人間〉はどのように特別なチンパンジーか

人類の進化史を振り返ると、チンパンジーの祖先と分岐した約六〇〇万年前から現在までの約三分の二の時間、人類は二足歩行を始めたものの脳容量は大型類人猿とほとんど変わらず、猿人段階にとどまっていました。約二〇〇万年前にやっと最初のヒト（ホモ）属が登場し、その後有名なホモ・エレクトゥス（原人）の時代が一〇〇万年以上も続きました（注：ごく最近インドネシアで発見された小さなヒト、フローレス人はエレクトゥスの末裔だと考えられますが、彼らは進化的に見てごく最近（一万八千年前）まで生存していました）。原人は、猿人よりも大きな脳を持ち、現代の職人でもそう簡単には作れない握斧（ハンドアックス）と呼ばれる繊細な石器を製作し、火も管理もできるという、他の類人猿にはない特徴を備え、特別なチンパンジーへの第一歩を踏み出しました。しかし、それでも原人たちは、いぜんとして自然の中に溶け込んだ遊動生活をしていました。彼らは人類の故郷であるアフリカから旅立ち、アジアやヨーロッパにまで進出しましたが、村落のような社会組織を持っていたわけではなく、組織的な大型獣の狩猟を行っていた明白な証拠もありません。

エレクトゥスの時代に人間らしさの萌芽がどのように生まれたのか、もう少し詳しくみてみましょう。原人は猿人時代に比べると男女の体格差が縮小したことが知られています。一般に哺乳類では、雌雄の体格差が大きいほど一夫多妻傾向が強く、逆に小さいほど一夫一妻の傾向が強くなるので、原人たちの間では男女間のペアの絆が強まったと推定できます。また原人はすらりと直立した体型で直立二足歩行が完成の域に達しましたが、それに伴って産道が湾曲し、このことが女性に難産をもたらしたと考えられています。さらに胎児の脳サイズが増大したことにより、他の霊長類と比して未熟状態で出産せざるを得なかったと言われます（より成熟した状態の脳ではもはや産道を通過できないからです。現生のヒトの赤ちゃんも、霊長類の基準に照らせばきわめて未熟な胎児状態で生まれてくるのですが、この現象は原人時代に始まったと思われます）。これ

図2　チンパンジーの母子

らを考え合わせると、増大した母親の子育ての負担を、絆の深まったパートナーの男性や母親の親族が手伝うようになったことが強く推測されます（注：人類学者の間では、母親の子育ての主たるサポータが子の父親だったのか、それともおばあさんであったのかをめぐって論争が続いています）。原人たちの家族生活がどのようなかたちのものであったかは必ずしも明らかではありませんが、他の大型類人猿にみられない家族どうしの協力関係が、以下に説明するようにヒトに固有の協調性や互恵性の礎を育んでいったと考えられます。

母子関係だけに注目すると、チンパンジー、ゴリラ、オランウータンの母子の絆はヒトのそれよりもはるかに密着型で、子どもが四、五歳になるまで母親はつねに一緒にいて面倒を見続けます。チンパンジーでは乳児期から母と子は頻繁に見つめあい、赤ちゃんは母親の見る方向に注意を向けます。しかし、人間の母子関係との大きな違いとして、チンパンジーの赤ちゃんは、母親の見た先のものを見た後で母親の反応を振り返って見直すことをしません。母親の方にしても、子どもと子どもが見る先を交互に見比べた後、子どもの行動をコントロールすることがほとんどありません。おそらくその結果でしょうが、類人猿の母親たちは、人間ではごく普通にみられる能動的なしつけや教育に相当することをしないのです。

他人の気持ちを読むことの意味

チンパンジーの子どもは、道具の使い方など文化的伝承行為を親の後姿から学び取りますが、人間の子どものように母親から手取り足取り教えてもらうことはない――この違いは、非常に重要だと思います。「教育」という行為を成立させるためには、他者がものを見たとき、見た対象に対してどのような価値付け（すなわち良い、悪い、好き、嫌いといった評価）を下し、信念を抱いたかをモニターする能力、一言で言えば他者の心を読む能力、が必要になりますが、ここにおいて、人間とチンパンジーの間には大きな隔絶があるようです。

ここから先は個人的な推測になりますが、この起源が原人時代に生じたように思われます。非常に濃密であった類人猿的な母子関係が、原人時代に入ると、母親の養育負担が過剰になることでいったん切り離されます。この母子分離の結果、母子間の強い絆が直接的、物理的なものからより心理的なものへと質的に転換したのでしょう。距離の離れた親子の間では、お互いの心的状態のモニタリングと相手の行動を操作すること（たとえば、母親に来てほしい、あるいは子に対して安心してよいなどの信号の発信）が不可欠になります。類人猿では、思いやりや共感といった読心能力を前提とした利他的行為が逸話的にしか報告されず、他方、人間ではこのような社会感情が普遍的にみられるという分岐の原点が、母子間の心理的コミュニケーションの質的変

［本章末の推薦書リストの順に書影を掲げる］

リチャード・ドーキンス『利己的な遺伝子』（紀伊國屋書店）

化にあったのではないかと推測されるのです。

さらに、家族生活を営み始めた原人たちの社会では、この種の向社会的感情が母子関係を越えて、家族のメンバー間に拡大され熟成されていったと考えられます。そして、心的状態を相互にモニターすることによって支えられた家族内での親密な関係性が、さらに一般化され、その後のより大きな社会における協力行動の進化を可能にしたのだと思われます。チンパンジーを観察していて、ときに羨ましくも思えるあのマイペースの生き方では、入り組んだ共同体社会を築くにはやはり限界があるようです。私たちの遠い祖先が他者の心を理解できるようになったことは、次に述べる言語コミュニケーションの成立も強く促したことでしょう。

文化、シンボル、言語

チンパンジーになくヒトにユニークな特徴としては、しばしば象徴的なシンボルを操る高度な知性がまっさきに挙げられますが、このような特徴は今からわずか約五～三万年前に現生人の直接的な祖先である新人においてやっと花開きました。「文化的なヒト」の歴史は意外と新しく、チンパンジーの共通祖先との分岐以降六〇〇万年の中で最後の一パーセントに過ぎません。考古学者たちが文化のビッグバンあるいは文化爆発と呼ぶこの時期から、岩壁に刻まれた記号のようなかたち、洞窟絵画、彫像、装飾品などが世界各地から続々と発見されるようになりました。約一五万年前にアフ

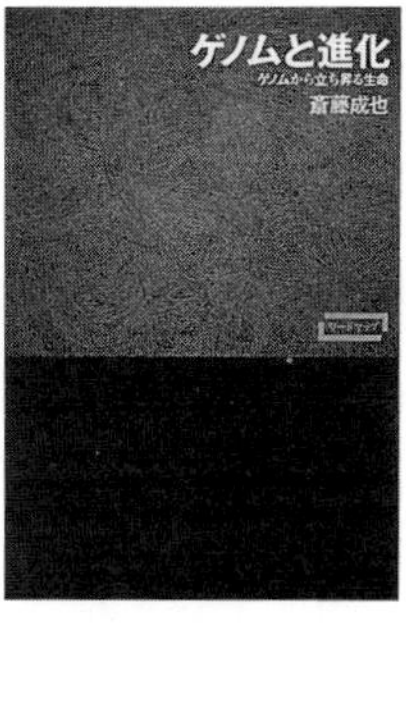

斎藤成也『ゲノムと進化——ゲノムから立ち昇る生命』（新曜社）

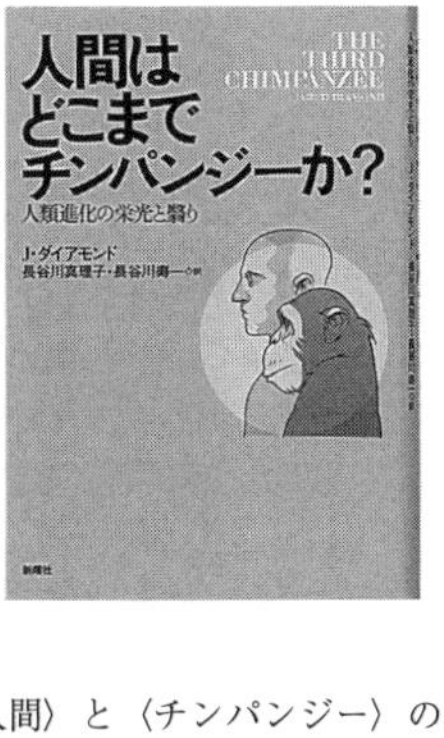

ジャレド・ダイアモンド『人間はどこまでチンパンジーか？——人類進化の栄光と翳り』（新曜社）

リカに出現した新人（ホモ・サピエンス）たちは狩りの達人でもあり、大型哺乳類を追い求めるかのように、五万年前ごろからオセアニアやアメリカ大陸を含む世界各地に拡散していき、やがて地上でもっとも栄える（生態学的にいえば生息域が広く総重量が大きい）動物へと成り上がりました。新人に先立って約三〇万年前に現れたネアンデルタール人は、新人よりもむしろ大きな脳容量を持っていたにもかかわらず、記号や絵画などシンボリックな遺物をほとんど残しませんでした。

音声言語は遺物としては残らないので、その起源を特定することは非常に困難です。ただし、最近報告された言語能力とリンクした遺伝子探索の研究によると、FOXP2と呼ばれるいわゆる「言語関連遺伝子」に新しい変異が生じたのは、過去二〇万年以内（すなわち新人の時代に相当）のことだと推定されています。それ以前の原人やネアンデルタール人たちが、今の言語とは違う形の言語的音声コミュニケーションをしていたことは大いにありうることですが、文法的な入れ子構造と時制を備えた言語の誕生は、おそらく新人がシンボルを自在に操れるようになったころのことだと考えられます。

今日的な言語を身につけることによって、他の類人猿と人間の間の相違が一気に開いたことは確かでしょう。言語訓練を受けている類人猿は、話しことばを聞いてある程度まで理解しますが、自ら文法を備えたことばを話そうとはしません。手話や記号による彼らの「発語」は、せいぜい二語文であり、そのほとんどは自らの要求にかか

ジャレド・ダイアモンド『銃・病原菌・鉄――一万三〇〇〇年にわたる人類史の謎』上・下（草思社）

C・R・ダーウィン『人間の進化と性淘汰』I・II（『ダーウィン著作集』第一・二巻、文一総合出版）

わることです。対して、人間の子どもは二歳児以降、爆発的に語彙数を増加させ、昨日や明日のことについて語り、自己の欲求のみならず他人の気持ちについてもきちんと理解した上で叙述できるようになります。

言語を獲得した人間（ホモ・サピエンス）は、生息地の自然環境や自然現象に命名する行為を通じて博物学的知識を深めるにとどまらず、イメージや記憶、思考、推論、他者理解といった心理的世界への扉を大きく開いていったと考えられます。二〇世紀に人類学者が調査してきた狩猟採集生活者のほとんどは無文字社会でしたが、どの伝統社会においても、伝承や神話、規範や社会契約、歌唱や芸術など非常に豊かな精神文化が築かれていました。この段階で人間は、チンパンジーやボノボとはまったく異次元の世界に足を踏み入れたのです。

文明と文字がもたらしたもの

激しい気候変動を繰り返した最後の氷河期が終わり、約一二〇〇〇年前に現在の間氷期（温暖で安定した時期）に入るとほどなく、地球上のいくつかの地域で農耕や牧畜が始まりました。食料の備蓄ができなかった狩猟採集生活の時代と違って、食糧を増産し余剰生産が管理できるようになったことから社会階層が分化し、絶対的な権力と文明がセットとなって誕生しました。本書の主題である〈読書〉の前提である文字が発明されたのもこのころです。文字は当初、宗教文書、国王の出生や即位、戦記、

長谷川寿一・長谷川眞理子『進化と人間行動』（東京大学出版会）

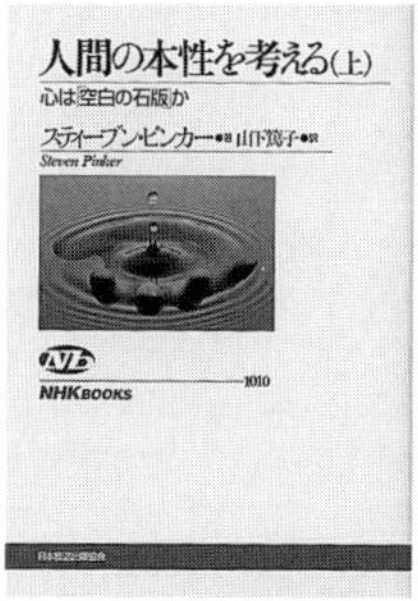

スティーブン・ピンカー『人間の本性を考える――心は「空白の石版」か』上・中・下（NHKブックス）

天体観測記録、占いなど王や宗教家といった特権階級のためのもので、やや極端に言えば、文字は人々を隷属させるためのツールとして生まれました。文字を読み書きできるのも書記や神官に限られていたので、暗号といったほうが相応しいくらいです。しかし、文字の有用性が文字自体の性質を変えていきます。

皆さんが今、まさに向き合っている、この文字がもしなかったら、どんな生活を余儀なくされるでしょうか（トリュフォーが映画化したブラッドベリの小説『華氏四五一度』を思い出します）。文字に頼らないで生活することは、伝統社会に暮らす人間にとって珍しいことではないし、古代文明でも、すべての文明が文字を利用していたわけではありません。現代の先進国においてさえも、識字率は一〇〇パーセントではありません。とはいうものの、文字が人間の文化の質と思考の形態を変えたことは明らかでしょう。何よりも文字は、知識を脳の外部に記録し、口承によらないで文化を伝えることを可能にしました。一人の人間ではとうてい覚えきれない量の情報を蓄積でき、文字を読めることさえできれば誰もが語り部を介さずにその情報にアクセスできるようになりました。

共有する人の数が多くなれば、ユーザーインターフェイスが良くなるのは人工物の常です（一九八〇年代のパソコンのコマンドや入力方式は、当時は画期的でしたが、今となってはとても使えません）。誕生直後には、あいまいで多義性を含んだ楔形文字もやがて洗練されていきます。中国に生まれた象形文字が比較的短期間のうちに変

ロビン・ダンバー『ことばの起源——猿の毛づくろい、人のゴシップ』（青土社）

R・バーン、A・ホワイトゥン編『マキャベリ的知性と心の理論の進化論——ヒトはなぜ賢くなったか』（ナカニシヤ出版）

化していく過程も同様です。文字に書き込まれた情報は、話し言葉と比べて伝達・拡散する速度がより速く、より正確に複製できます。文字はことばと違って、同時に見比べることができるので、相互に参照し、そこから新しい情報を生み出すことも容易です。人間社会が他の類人猿と異なる最大の特徴の一つは、協力行動や共同行為にあると述べましたが、協調関係を維持する（すなわちフリーライドを許さない）ために必要な約束も、たんなる口約束ではなく書かれた契約という形式をもつに至り、拘束力を増しました。契約文書では、保証や信頼のレベルが格段に高まることは言うまでもありません。文字の普及に伴って、教師、法律家、歴史家、神学者など文字を扱う様々な職業が派生し、社会の中に知識人という階層が生まれました。

人間を進化的に理解することの意義

その後、有史以降の世界史はここでは述べませんが、文明をまとった人間が他の生物を断然引き離し、知性とテクノロジーを駆使して自然環境を改変し続け、ついに地球の支配者にのし上がりました。過去五〇〇〇年間の人間の営みは、途絶えることのない殺戮や非人道的な搾取、貧困、飢餓、疫病といった多くの負の側面にもかかわらず、近代社会に入ってからは、人類全体の福祉や人権の保証を目指す方向で進んでいるように思えます。しかし、今世紀に入って、かつてない大きな暗雲がもくもくと目の前に広がってきました。環境問題、文化間の軋轢と衝突、富の格差の拡大が人類全

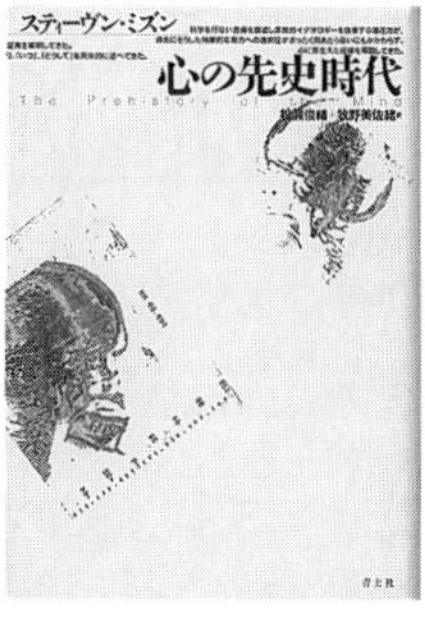

スティーヴン・ミズン『心の先史時代』（青土社）

ニコラス・ハンフリー『喪失と獲得——進化心理学から見た心と体』（紀伊國屋書店）

体の生存を脅かしています。どの問題についても、楽観論者と悲観論者があり、前者からは、エネルギー問題も食糧問題も新しいテクノロジーで一つずつ乗り切れるだろうという意見も聞かれます。しかし、二一世紀の地球上の人類の将来の舵取りは、ジェット機や巨大タンカーの自動航行システムとは違い、技術力だけの問題ではありません。自然科学と人文社会科学の叡智を結集しなければ立ち行くことができないはずです。その大前提になるのが、我われ自身が人間をどう位置づけるか、「汝自身を知れ」というデルフォイの神託に対して現代に生きる我われが、科学的知見に照らしてどう答えるかということでしょう。

かつて他の多くの生物が絶滅したときと同じ状況が、人間にも忍び寄っていることに多くの人が気づいています。現実に、生息環境の悪化、生存のための各種資源の枯渇、残された資源をめぐる凄惨な争い、生態系のかく乱に伴う新たな疫病の出現といったことが、すでに地球の各地で起こり始めています。急激な個体数増加（人口爆発）の後に大きなクラッシュが起きることも生態学では良く知られた事実です（繁殖力が高い動物が天敵のいない状況でしばしば見られます）。他方、文字の発明に始まる情報化革命は、人間社会に多大の恩恵をもたらしましたが、過度の情報化が現実感覚や身体性を麻痺させ、私たちが生身の生物であることをついつい忘れさせてしまいがちです。

このような事態で求められるのがまさに、人間もまた生物界の一員であり、進化の

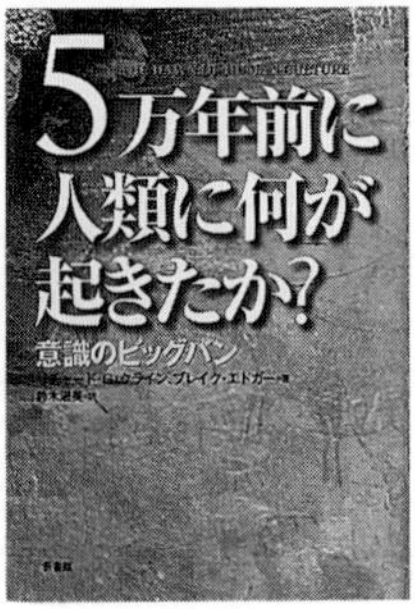

R・G・クライン、E・ブレイク『5万年前に人類に何が起きたか？——意識のビッグバン』（新書館）

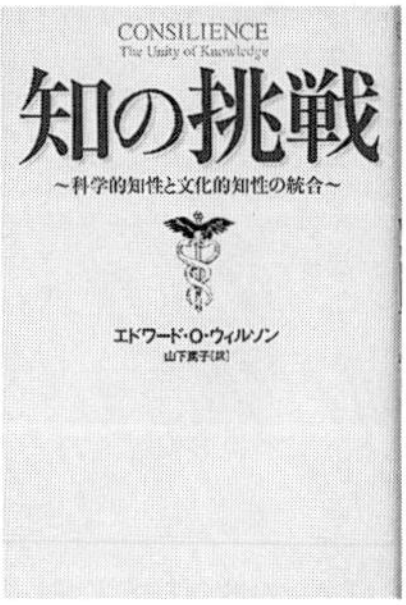

エドワード・O・ウィルソン『知の挑戦——科学的知性と文化的知性の統合』（角川書店）

産物であるという基本的な人間のとらえ方だと思います。五年、一〇年といった短期的な視点ではなく、短くとも数千年、さらに数万~数百万年という長いスパンの中で人間を位置づける姿勢が今求められています。

〈教養〉とは何か

最後に、私自身の専門（動物行動学）に照らして教養とは何かについて一言述べて筆を擱くことにします。いうまでもなく、教養を持つことに、即時的な効用があるわけではありません。人間がチンパンジーグループの一員だと知ったところで、それを知らないときと比べて、生き方がすぐに変わるということはありません。

では、雑学と教養はどこが違うのか。明確な線引きは難しいのですが、雑学は個別の知識の集合であるのに対して、教養は普遍的な知の体系、あるいはそれを目指す姿勢のことだと思います。何かを知っているだけの雑学では、評価や意思決定を要しませんが、教養には物事に対してそれを記述するだけでなく、それをどう価値付け、判断するかが問われます。シェークスピアの全作品の名前を列挙するだけならば雑学の域を出ていないかもしれませんが、それぞれの作品を関連付け、その背景や意義を説明できる知識（あるいはそれを知りたいという姿勢）はたしかに教養と呼べるでしょう。

ヒトは他のどんな動物よりも、学習能力が高く、膨大な数の物事を知っています。

A・ソーカル、J・ブリクモン『「知」の欺瞞――ポストモダン思想における科学の濫用』（岩波書店）

石浦章一『遺伝子が明かす脳と心のからくり――東京大学超人気講義録』（羊土社）

一般的な大学生であれば、万の単位の語（ことば）の意味を理解します。それだけでも驚くべき生物なわけですが、人間はそれらのことばを組み合わせて、複雑な事象を表現し、物事のことわりや仕組みを説明し、それらに意味を与えます。また個々の知は相互に関連することによって、さらに新しい次元の知識を生み出すことにもなります。このような知識の階層性や相互作用は、他の動物ではけっして見られない能力です。

この作業において教養は、新たに取り込んだ個別の知識を従来の知の体系にどう組み込むか、組み込めなかったとしたら知の体系をどう再編成するかといったことに深くかかわります。たとえば新しいテクノロジーで人工的な生命が誕生したときにそれをどのように扱うべきか、従来の法律では対応できない問題が生じたときにどう対処すべきかなど、このような問題は枚挙にいとまがありません。

我われがどのような存在であるのか、人間とは何かという知の体系は、人間活動の諸現象の意味を問い、人間社会を運営していく上でとくに必要とされる基軸です。本稿で述べてきた「進化的産物としてのヒトという生物」という基本的な認識は、人類史上最大の激動期に直面した我われが、進むべき道を誤らないために必須な教養だといえるでしょう。

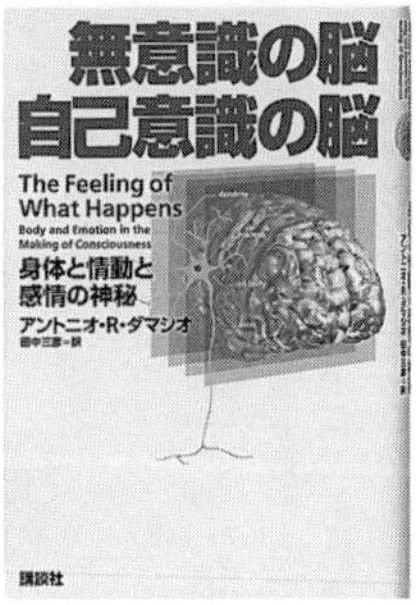

アントニオ・R・ダマシオ『無意識の脳　自己意識の脳――身体と情動と感情の神秘』（講談社）

下條信輔『サブリミナル・マインド――潜在的人間観のゆくえ』（中公新書）

推薦書リスト

リチャード・ドーキンス『利己的な遺伝子』（日高敏隆・岸由二・羽田節子・垂水雄二訳、紀伊國屋書店、一九九一年）

斎藤成也『ゲノムと進化——ゲノムから立ち昇る生命』（ワードマップ、新曜社、二〇〇四年）

ジャレド・ダイアモンド『人間はどこまでチンパンジーか?——人類進化の栄光と翳り』（長谷川真理子・長谷川寿一訳、新曜社、一九九三年）

ジャレド・ダイアモンド『銃・病原菌・鉄——一万三〇〇〇年にわたる人類史の謎』（上・下）（倉骨彰、草思社、二〇〇〇年）

チャールズ・ロバート・ダーウィン『人間の進化と性淘汰』（Ⅰ・Ⅱ）（『ダーウィン著作集』第一・二巻、長谷川眞理子訳、文一総合出版、二〇〇〇年）

長谷川寿一・長谷川眞理子『進化と人間行動』（東京大学出版会、二〇〇〇年）

スティーブン・ピンカー『人間の本性を考える——心は「空白の石版」か』（上・中・下）（山下篤子訳、ＮＨＫブックス、二〇〇四年）

ロビン・ダンバー『ことばの起源——猿の毛づくろい、人のゴシップ』（松浦俊輔・服部清美訳、青土社、一九九八年）

リチャード・バーン、アンドリュー・ホワイトゥン編『マキャベリ的知性と心の理論の進化論——ヒトはなぜ賢くなったか』（藤田和生・山下博志・友永雅己監訳、ナカニシヤ出版、二〇〇四年）

スティーヴン・ミズン『心の先史時代』（松浦俊輔・牧野美佐緒訳、青土社、一九九八年）

ニコラス・ハンフリー『喪失と獲得——進化心理学から見た心と体』（垂水雄二訳、紀伊國屋書店、二〇〇四年）

山岸俊男『社会的ジレンマ——「環境破壊」から「いじめ」まで』（ＰＨＰ新書）

大津由紀雄・波多野誼余夫編『認知科学への招待——心の研究のおもしろさに迫る』（研究社）

リチャード・G・クライン、エドガー・ブレイク『5万年前に人類に何が起きたか?――意識のビッグバン』（鈴木淑美訳、新書館、二〇〇四年）
エドワード・O・ウィルソン『知の挑戦――科学的知性と文化的知性の統合』（山下篤子訳、角川書店、二〇〇二年）
アラン・ソーカル、ジャン・ブリクモン『「知」の欺瞞――ポストモダン思想における科学の濫用』（田崎晴明・大野克嗣・堀茂樹、岩波書店、二〇〇〇年）
石浦章一『遺伝子が明かす脳と心のからくり――東京大学超人気講義録』（羊土社、二〇〇四年）
アントニオ・R・ダマシオ『無意識の脳　自己意識の脳――身体と情動と感情の神秘』（田中三彦訳、講談社、二〇〇三年）
下條信輔『サブリミナル・マインド――潜在的人間観のゆくえ』（中公新書、一九九六年）
山岸俊男『社会的ジレンマ――「環境破壊」から「いじめ」まで』（PHP新書、二〇〇〇年）
大津由紀雄・波多野誼余夫編『認知科学への招待――心の研究のおもしろさに迫る』（研究社、二〇〇四年）

C O L U M N

おぼつかない歩みで二十一世紀に足を踏み入れた人類は、自分たちを作りあげた二十世紀がいかなる時代であったかを検証する余裕もないまま、なお十九世紀の亡霊に脅えています。過去の百年を「戦争と大量虐殺」の時代ととらえるだけでは事態は把握しきれないはずなのに、知識人と呼ばれる人種までがそれ以上のことを口にしえないまま、「テロとの戦争」とやらに脅えている。それは、ギリシャ以来の西欧の伝統的な思考がにわかに現実とは認識しがたい「フィクション」が、あやうげな装いのもとにいつのまにか地球を席巻してしまった現状に対する脅えの不在に対応しています。真に脅えるべきは、あたりに跳梁する「フィクションとしての戦争」と、それが煽りたてる「フィクションとしての暴力」にほかなりません。それを考えてみるための契機として、森鷗外の『かのように』を批判的に読んでみてはどうでしょうか。これは、一九一一年にライプチッヒで刊行されたハンス・ファイヒンゲルの『「かのように」の哲学』に触発された鷗外が、一九一二年の東京で書いた中編小説です。主人公は子爵の御曹司ですが、この「勝ち組」の一人が表明する思想を正しい予言として受け入れるのではなく、その潜在的な「フィクションとしての現実」を解読せねばなりません。ファイヒンゲルを、日本にも影響を与えた法学思想としてではなく、文学理論として読むのに八十年を要した西欧の知性に対して、刊行の翌年にそれに言及した森鷗外の迅速な知性について考えてみるのも無駄ではないはずです。その際、あまたの注釈書はいっさい参考になりません。

フィクションとしての現実

蓮實重彦

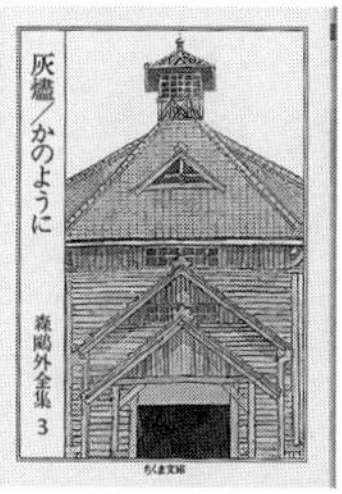

『森鷗外全集 3　灰燼 かのように』（ちくま文庫，1995 年）

たゆまない精神の運動

エリス俊子

石川淳の思考はペンと共に呼吸し、ペンと共に舞う。どの作品でもよいので、一冊手にとって、文字の織りなすリズムに身を任せてほしい。未来幻想小説「鷹」に登場する国助は、「明日語」新聞を発行する秘密煙草製造工場の革命集団の活動に巻き込まれる。「白頭吟」では、代議士の息子尾花晋一がバクーニンの翻訳に奔走する大正期のアナキスト集団と、これもひょんなことでかかわり合いになる。と言ってしまうと、これは「革命文学」のように聞こえるかもしれないが、ここに展開されるのは、息をのむような革命のドラマではなく、息のつまるような密度をもった文字の運動である。そしてそこに生み出されるエネルギーはひたすら停滞することをきらって、次の行へ、そして未然形の明日に向かって進む。石川淳は博学であったが、彼の教養は知識の蓄積として書棚に陳列されるのではなく、あるいは観念として安泰に保持されるのでもなく、たちまち文字の運動となり、翻ってそれは読者をしてたゆまない生の運動に駆り立てていく。あえて革命物語など好まない人は、夜空に銀の杯が飛翔する「曽呂利咄」などを音読してくれてもよい。まったく異なる種類の読み物であるが、同じく豊かな知識と精神の運動の結びつきを教えてくれる書物として、エドワード・W・サイードの『文化と帝国主義』を掲げたい。安易な相対主義から世界諸文化の異質性を語る視点を越えて、近代を通じて絡み合い、重なり合ってきた諸文化の抑圧と抵抗の歴史を小説の分析を通して浮き彫りにしながら、現代に生きる我々がかかわり得る精神の運動の可能性について大いなる示唆を与えてくれる。

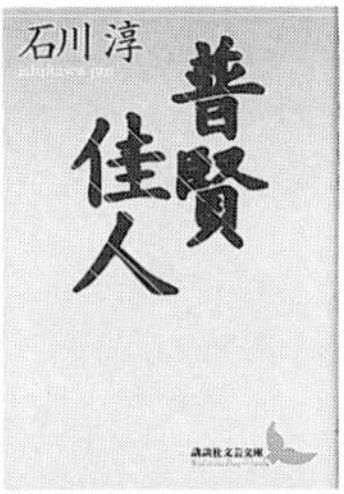

石川淳『普賢　佳人』（講談社文芸文庫）

3 壁の向こうの教養書

高田康成
中島隆博

「往事を述べ、来者を思う」

定義はさておき、教養書といえば過去の経験が生み出した貴重な知識知見を盛るもの、実利的かどうかはさておき、必ず読むべきものとされるのが常だろう。この押し付けがましく古臭いイメージは、どうにかならないものか。受身になって読むのではなく、能動的に創り出すもの、過去のしがらみに捕らわれるのではなく、将来を見据えるといった広やかで明るいイメージは、一体、教養書とは無縁なのだろうか。

唐突ながら、いっそ二〇年後の未来を見通して、たとえば西暦二〇二五年の世界を想定して教養のガイドブックなるものを考えたらどうだろうか。すでにやや古色蒼然とした「教養」などという概念が生き残っているかは大いに怪しいとして、それに準ずる概念があったとするならば、少なくとも教養（culture）が自らの棲家とすべき個別の文化（culture）があって、その文化を支える個別の言語が存在することに恐らく変わりはないだろう。アングロサクソンの言語文化的優位が依然として続くとしても、英語が世界に遍く文化と教養を形成するとは考えられないからである。

試みに二〇二五年における世界の（母国語）言語分布は一体どのようなものとなっているだろうかと問うならば、次のような推定がすでになされている。

容易に予想されるように、中国語がトップでおよそ一五億六一〇〇万人がこれを話す。第二位は、これも予想されるように英語で、およそ一〇億四八〇〇万人。続いてフランス語の五億六〇〇万、スペイン語の四億八四〇〇万、そしてアラビア語の四億四八〇〇万と続く[1]。もちろん、推定はあくまで推定であり、数え方にしても基準は単純でなく、細かく見ればさまざま批判が出てくるだろう。（たとえば中国語の場合には広東語問題をどうするか。あるいは、言語と文化の力はそれを話す人口の多少に関わる問題ではなく、文化の強度などというものが存在するに違いない、などなど。）

国際言語戦略を見据えて

さまざま問題含みであることは承知しつつも、試みにこの推定を基にして、どのようなことが考えられるであろうか。独善とまでは言わないが、偏見から自由とはいえ

（1）Bernard Cassen, "Un monde polyglotte pour échapper à la dictature de l'anglais," *Le monde diplomatique* (janvier, 2005), 21-22.

ない、戦略的な希望的観測に満ちたひとつの面白い提案がフランス人によってなされている。すなわち、中国語と英語の二極構造が不可避であるなら、なんとか三つ目の大言語集団を作れないものだろうか、と彼は考えた。(2) そういう目で言語地図を眺めるならば、もともとラテン語に発するロマンス語諸語が一塊の一大集団として浮き上がって見えてこないことはない。実際に南ヨーロッパでは、スペイン語を母語とする人々とイタリア語を母語とする人々が、そのまま会話を交わす光景は決して珍しくはない。そうであるならば、ロマンス語諸語のあいだで、コミュニケーションを有効に図る教育と訓練を施せば、フランス語とスペイン語に、イタリア語とルーマニア語を加えて、(一〇億を超える)一大ロマンス諸語言語圏というものを実際的に生み出すことができないだろうか。もしこれが実現すれば、世界はほぼ一五億から一〇億からなる三大言語圏により構成される三極構造になるという希望的観測である。

この世界言語三極構造論は、わが日本語の哀れな境遇をしばし棚上げにして見るならば、なかなか美しい。もちろん、言語政策は政治と経済の動向と無縁ではないだろうから、ことがそう簡単に運ぶはずはない。ドイツや北欧、アラビア語世界やロシアがどう動き、あるいはどう動かされるか、などの要因は無視できないだろう。

近代文化の根本構造

それにもかかわらず、将来と世界に開いたわれわれの教養の構築ということを考え

(2) 同右。

るならば、この三極構造論にはなかなか捨てがたいものがある。なぜなら、われわれ現在の日本文化を起点にして反省するならば、中国文化はその基層を形成し、英語圏文化は近代西欧化の屋台骨となり、そしてその近代西欧そのものの文化的基層にはロマンス語圏の文化伝統が存在するからである。あるいは別の見方をするならば、こう言ってもよいかもしれない。近代世界の雄は最近の二世紀間を支配した英米のアングロサクソン文化であり、われわれの近代も大いにその影の下に展開した。しかし、われわれの前近代には中国文化が圧倒的であったし、西欧世界の前近代にはラテン系文化が圧倒的であった。であれば、われわれの近代に熟成された文化を、将来の世界に向けて、グローバルに展開しようとするならば、中・英・羅（ロマンス語圏）からなる言語文化の三極構造は、接木先としても格好の対象であると言えるからである。

言葉と地域の壁に囲まれることを本質とする文化（culture）は、そもそも自ずと閉鎖的な傾向を持つ。教養（culture）はしかしそのような限定を越えて行かなければならない。いきなりしかし飛び跳ねるなど論外、あくまで地に足の付いたものでなければならない。（culture の語源は「耕す」であったことを繰り返すまでもないだろう。）伝統という土壌があって、その上に教養という木が育つ。しかしこれからの教養は、グローバルに枝が張るように他の文化へと「接木」してゆくことが求められる。その意味で、われわれの近代を直接間接に支えてきた中・英・羅の土壌は、来るべき三極言語文化構造に接木して発展させるのに都合がよいだろう。

その昔、詩的創造における「個人的才能」と「伝統」の関係を語って、それを「フィラメントと触媒」のそれに譬えた詩人がいたが、グローバルな教養の創造には、他文化への「接木」の後に、まさにそのような化学反応を待たねばならない。というよりも、日本語とか朝鮮語・韓国語のような弱小言語の文化・教養は、このような戦略しか残されていないというのが現実だろう。それはしかし、考え方によっては、逆に有利にもなりうる。小粒の文化ながら、広く世界の大文化圏へ枝を張って成長するその姿は逞しくも美しいに違いない。それは少なくとも、いまだに止まない狭量な「日本文化特殊論」を唱え続けるよりは、よほど生産的だろう。

接木的発展へ向けて

さてそこで、かぼそい幹たる我が日本の近代文化から三本の枝を伸ばして、接木しつつ発展変容を遂げようという三つの言語文化圏について、以下、それぞれの代表者に登場してもらい、彼らの思い描く教養のブックガイドを提示してもらうことにしたい。それぞれ白らの文化的土壌に立って、主に若者たちに推薦すべき書物を五〇冊程度挙げて欲しい、というのが私〔高田〕の行った依頼の趣旨である。

そこで問題は当然にして誰を代表者として選ぶかである。これは甚だ難問で、如何なる議論を組み立てようとも、この難問に納得の行く形で答えることは、言うまでもなく不可能である。選者選定の原則について有体に言ってしまえば、一名を除いて、わたしが尊敬する国際的教養人である友人・知人に頼んだものと告白しなければならない。ただし、はじめに登場してもらう二名の選者については、屁理屈に見えるかもしれないが、それなりの理論武装をしてみた。

すなわち、英語圏とロマンス語圏を代表する彼らは、ともに西欧中世文化の専門家であり、等しく比較文化をも講じる方々に他ならない。一般に中世という時代の文化を研究対象とした場合、もちろん、その期間のみに専念する立派な学者も多く存在するが、中間の時代というその特性から、前後の時代、すなわち古代と近代にも目配りが求められることは言うまでもない。特に、本来中世学者でありながら比較文化の視点に立つ研究者であれば、その歴史的眺望は限りなく広がらざるをえないだろう。その意味で、われわれが求める英語圏とロマンス語圏を代表する教養書のガイド役として、彼らほどの適役はいないと信じる。

英語圏

選者＝ヤン・ツィオルコフスキー（ハーバード大学教授）*

1 『聖書』〔『新約聖書（新共同訳）』(日本聖書協会、二〇〇三年)／『旧約聖書』(日本聖書協会、二〇〇一年)／『旧約聖書』(中沢洽樹訳、中公クラシックス、二〇〇四年)／『創世記』『出エジプト記』『ヨブ記』『福音書』(岩波文庫、一九五六年・六九年・七一年・六三年)など〕

＊ Jan M. Ziolkowski (Arthur Kingsley Porter Professor of Medieval Latin at Harvard University)。一九五六年生まれ。専門は中世ラテン文学および比較文学。著書に『リルのアラーヌスの性の文法』、『ケンブリッジ詩歌集』、『フィロロジーについて』、『ヨーロッパ中世における猥雑』など。

2　**ホメロス『イリアス』**〔(上・下)(松平千秋訳、岩波文庫、一九九二年)／ホメーロス『イーリアス』(上・下)(呉茂一訳、平凡社ライブラリー、二〇〇三年)〕
『オデュッセイア』(上・下)(松平千秋訳、岩波文庫、一九九四年)

3　**プラトン『饗宴』**〔(久保勉訳、岩波文庫、改版一九六五年)／(森進一訳、新潮文庫、一九六八年)〕

4　**ソポクレス『オイディプス王』**〔(藤沢令夫訳、岩波文庫、改版一九九九年)／(高津春繁訳、『ギリシア悲劇II　ソポクレス』所収、ちくま文庫、一九八六年)〕

5　**エウリピデス「メデイア」**(『ギリシア悲劇III　エウリピデス(上)』所収、松平千秋訳、ちくま文庫、一九八六年)

6　**ウェルギリウス『アエネーイス』**〔(上・下)(泉井久之助訳、岩波文庫、一九七六年)／(岡道男・高橋宏幸訳、西洋古典叢書L7、京都大学学術出版会、二〇〇一年)〕

7　**オウィディウス『変身物語』**(上・下)(中村善也訳、岩波文庫、一九八一年)

8　**アプレイウス『黄金のろば』**(上・下)(呉茂一訳、岩波文庫、一九五六～五七年)＊品切

9　**アウグスティヌス『告白』**(上・下)(服部英次郎訳、岩波文庫、一九七六年)

10　**ボエティウス『哲学の慰め』**〔(畠中尚志訳、岩波文庫、一九三八年)＊品切／『世界古典文学全集26　アウグスティヌス・ボエティウス』(渡辺義雄ほか訳、筑摩書房、一九六六年)9のアウグスティヌス「告白」も所収〕

11　**アベラール『我が不幸な物語』**および**『エロイーズとの往復書簡』**(『アベラールとエロイーズ――愛と修道の手紙』畠中尚志訳、岩波文庫、改訳一九六四年)

12　**ゴットフリート・フォン・シュトラスブルク『トリスタン・イズー物語』**(ベディエ編、佐藤輝夫訳、岩波文庫、改版一九八五年)

13　**『ニャールのサガ』**〔一三世紀アイスランド〕(『アイスランド　サガ』所収、谷口幸男訳、

ホメーロス『イーリアス』上・下(平凡社ライブラリー)

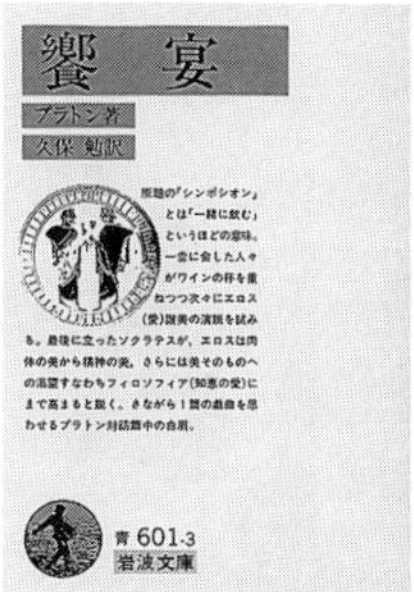

プラトン『饗宴』(岩波文庫)

新潮社、一九七九年）＊品切

14　**ダンテ『神曲』「地獄篇」**〔『神曲』（上・中・下）（山川丙三郎訳、岩波文庫、一九五二年）／『神曲』（全三巻）（壽岳文章訳、集英社文庫、二〇〇三年）／『神曲〔新装版〕』（平川祐弘訳、河出書房新社、一九九二年）〕

15　**ジョバンニ・ボッカッチョ『デカメロン』**〔（上・下）（河島英昭訳、講談社文芸文庫、一九九九年）／ボッカチオ『デカメロン』（全六巻）（野上素一訳、岩波文庫、一九四八〜五九年）＊一部品切〕

16　**シェイクスピア**〔『シェイクスピア全集』（全五巻）（小田島雄志訳、白水社、一九八五〜八六年）、白水社uブックス版（全三七冊）／『シェイクスピア全集』（既刊一二巻）（松岡和子訳、ちくま文庫、一九九六年〜、刊行中）⇩五五・五九頁〕

17　**セルバンテス『ドン・キホーテ』**〔（前篇三、後篇三）（牛島信明訳、岩波文庫、二〇〇一年）／（前篇二、後篇二）（会田由訳、ちくま文庫、一九八七年）＊一部品切〕

18　**モンテーニュ『エセー』**〔（Ⅰ・Ⅱ・Ⅲ）（荒木昭太郎訳、中公クラシックス、二〇〇二〜〇三年）／（全六巻）（原二郎訳、ワイド版岩波文庫、一九九一年）／『エセー』抄訳⇩一四二頁〕

19　**ロレンス・スターン『トリストラム・シャンディ』**（上・中・下）（朱牟田夏雄訳、岩波文庫、一九六九年）＊品切

20　**ラクロ『危険な関係』**（上・下）（伊吹武彦訳、岩波文庫、一九六五年）

21　**ゲーテ『親和力』**（柴田翔訳、講談社文芸文庫、一九九七年）

22　**ジェーン・オースティン『高慢と偏見』**〔（上・下）（富田彬訳、岩波文庫、改版一九九四年）／ジェイン・オースティン『高慢と偏見』（上・下）（中野康司訳、ちくま文庫、二〇〇三年）／（阿部知二訳、河出文庫、一九九四年）〕

エウリピデス「メデイア」（『ギリシア悲劇Ⅲ　エウリピデス』上、ちくま文庫）

ウェルギリウス『アエネーイス』上・下（岩波文庫）

23　ドストエフスキー『カラマーゾフの兄弟』〔(全四冊)(米川正夫訳、岩波文庫、改版一九五七年)／(上・中・下)(原卓也訳、新潮文庫、一九七八年)〕

24　ディケンズ『二都物語』(上・下)(中野好夫訳、新潮文庫、改版一九九一年)

25　マーク・トウェイン『ハックルベリー・フィンの冒険』(上・下)(西田実訳、岩波文庫、一九七七年)

26　ハーマン・メルヴィル『白鯨』〔(上・中・下)(八木敏雄訳、岩波文庫、二〇〇四年)／『白鯨』(上・下)(田中西二郎訳、新潮文庫、一九五二年)／(原光訳、八潮出版社、一九九四年)／『白鯨　モービィ・ディック』(上・下)(千石英世訳、講談社文芸文庫、二〇〇〇年)〕

27　ジョーゼフ・コンラッド『闇の奥』(中野好夫訳、岩波文庫、一九五八年)

28　ギュスターヴ・フローベール『ボヴァリー夫人』〔(上・下)(伊吹武彦訳、岩波文庫、改版一九六〇年)／(生島遼一訳、新潮文庫、一九六五年)〕

29　ルイス・キャロル『不思議の国のアリス』〔(矢川澄子訳・金子國義絵、新潮文庫、一九九四年)／(柳瀬尚紀訳、ちくま文庫、一九八七年)／(山形浩生訳・スソアキコ画、朝日出版社、二〇〇三年)／『不思議の国のアリス・オリジナル』(全二巻)(高橋宏訳注、書籍情報社、二〇〇二年)〕

30　マルセル・プルースト『失われた時を求めて』第一編「スワンのほうへ」〔『失われた時を求めて』(全一二巻)(井上究一郎訳、ちくま文庫、一九九二年)／『失われた時を求めて』(全一三巻)(鈴木道彦編訳、集英社、一九九六〜二〇〇一年)、〔抄訳版〕(全三巻、集英社文庫、二〇〇二年)〕

31　ジェイムズ・ジョイス『ダブリンの市民』(結城英雄訳、岩波文庫、二〇〇四年)

32　ヘルマン・ヘッセ『荒野のおおかみ』(高橋健二訳、新潮文庫、一九七一年)

オウィディウス『変身物語』上・下(岩波文庫)

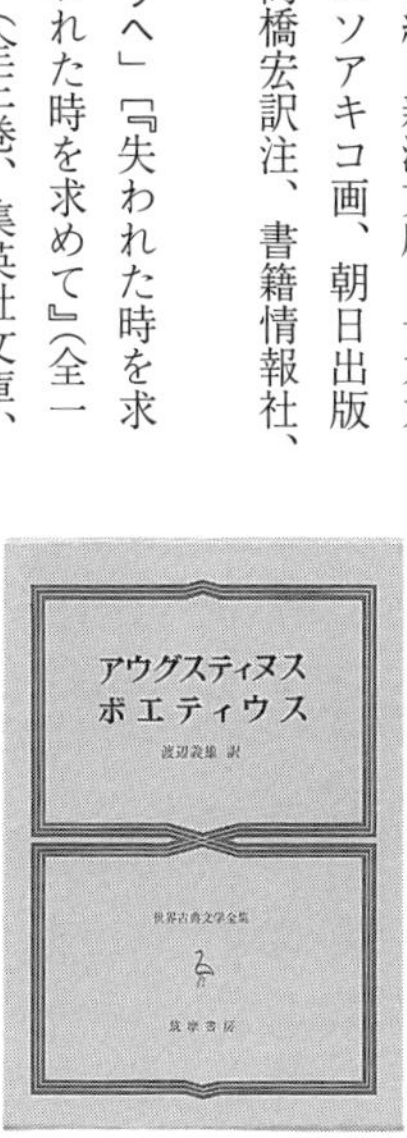

アウグスティヌス「告白」、ボエティウス「哲学の慰め」『世界古典文学全集26　アウグスティヌス・ボエティウス』(筑摩書房)

33　トーマス・マン『**魔の山**』〔(上・下)(関泰祐・望月市恵訳、岩波文庫、改版一九八八年)／(上・下)(高橋義孝訳、新潮文庫、一九六九年)〕
34　ジョン・スタインベック『**怒りの葡萄**』(上・下)(大久保康雄訳、新潮文庫、改版一九八九年)
35　ニコス・カザンザキス『**その男ゾルバ**』(秋山健訳、恒文社、一九七一年)＊品切

それこそ贅言は無用だと心得るが、リストというのは無限に想像を掻き立てるもので、いわずもがなのことどもを書き留めることをお許し願いたい。

ウェルギリウスとオウィディウスは、ホメーロスやソポクレスに比べて日本ではあまり有名ではないようだが、なにを隠そう、仮に西欧文化二五〇〇年と仮に考えた場合、一貫して一番読まれ続けた詩人は誰かと問うならば、彼らローマ文芸の双璧を措いて他にいない。中世に始まる西欧のキリスト教化の後も、異教の産物でありながら、ウェルギリウスとオウィディウスは教養書として、文化の礎の機能を果たし続けた。当然ルネサンス期には更なる注目を集め、俗語文芸の手本として仰がれた。彼らの影がやや薄くなったとするならば、それは漸く第二次世界大戦後になってからであると言うことができるだろう。

アウグスティヌスとボエティウスについても、一言必要かもしれない。前者の『告白』は夙に有名だが、おそらく後者を知る人は少ないのではなかろうか。五世紀末、

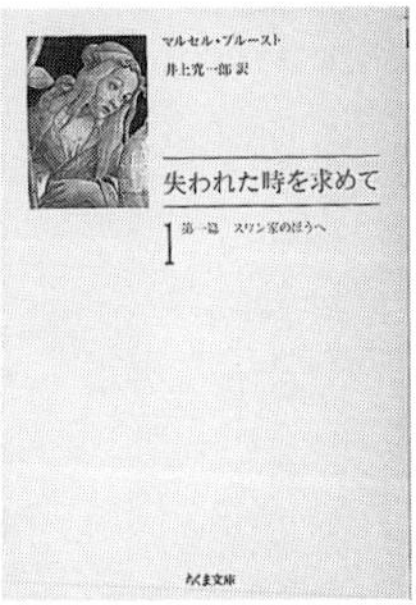

マルセル・プルースト『失われた時を求めて1』第一篇「スワンのほうへ」(ちくま文庫)

イタリアを征服した東ゴート王国の王テオドリックは、ラヴェンナに都を築いた。ボエティウス（四八〇頃〜五二四）は王の配下の政務官職では最高位にまで上り詰めるが、故あって失脚、死刑判決を受ける。『哲学の慰め』は死刑執行を待つ間に書かれたと伝えられ、夢枕に立つ女神「哲学」と自身とが交わす対話形式のヴジョンにおいて、真にして永遠の存在たる神の世界の真実を示し、この世の運命と浮き沈みの無意味を説く。この宇宙的ヴジョンという結構は、中世・ルネサンス人の趣味によく合ったらしく、近代以前には絶大なる影響力を持った。近代の「自伝的告白」文学をいち早く実践したアウグスティヌスと共に、西欧中世期のいわば「精神文学」の双璧と言えるだろう。

ロマンス語圏

選者＝ピエロ・ボイターニ（ローマ大学教授*）

（以下、二度以上選定された作家あるいは作品にはその回数を★で示す。同じ作家の他の作品が挙げられた場合は☆にした。）

1　ホメロス『イリアス』★★『オデュッセイア』★★

2　『聖書』（創世記、出エジプト記、列王紀、預言書、ヨブ記、詩篇、伝道の書、雅歌、福音書、黙示録）★★

3　アイスキュロス『オレステイア』（三部作）（『ギリシア悲劇Ⅰ　アイスキュロス』所収、高津春繁訳、ちくま文庫、一九八五年）

＊ Piero Boitani (Professore Ordinario della Letterature Comparate alla Sapienza di Roma)。一九四七年生まれ。専門は比較文学。著書に『ユリシーズの影』、『ユリシーズの足跡を追って』、『中世文学における悲劇と崇高』『翼持つ言葉』など。

4　ソポクレス『オイディプス王』★★
『コロノスのオイディプス』☆〔(高津春繁訳、岩波文庫、一九七三年)＊品切／(高津春繁訳、『ギリシア悲劇Ⅱ　ソポクレス』、ちくま文庫、一九八六年)〕

5　エウリピデス「バッコスの信女」(『ギリシア悲劇Ⅳ　エウリピデス(下)』所収、松平千秋訳、ちくま文庫、一九八六年)

6　ピンダロス『祝勝歌』(『祝勝歌集、断片選』、内田次信訳、京都大学学術出版会、二〇〇一年)

7　ウェルギリウス『アエネーイス』★★

8　オウィディウス『変身物語』★★

9　ホラティウス『歌章』〔(藤井昇訳、現代思潮社、一九七三年)＊品切／(『ホラティウス全集』所収、鈴木一郎訳、玉川大学出版部、二〇〇一年)〕

10　『コーラン』〔(Ⅰ・Ⅱ)(藤本勝次・伴康哉・池田修訳、中公クラシックス、二〇〇二年)／(全三冊)(井筒俊彦訳、岩波文庫、一九五七～五八年)〕

11　ダンテ『神曲』★★

12　チョーサー『カンタベリー物語』〔『カンタベリ物語』(上・下)(西脇順三郎訳、ちくま文庫、一九八七年)＊品切／(金子賢治訳、角川文庫、一九七三年)／『完訳　カンタベリー物語』(上・中・下)(桝井迪夫訳、岩波文庫、改版一九九五年)〕

13　ペトラルカ『カンツォニエーレ』(『カンツォニエーレ――俗事詩片』、池田廉訳、名古屋大学出版会、一九九二年)

14　アリオスト『狂えるオルランド』(脇功訳、名古屋大学出版会、二〇〇一年)

15　タッソ『エルサレム解放』〔(鷲平京子訳、『澁澤龍彦文学館1　ルネサンスの箱』に抄訳所収、筑摩書房、一九九三年)、14のアリオスト『狂えるオルランド』も「オルランド狂

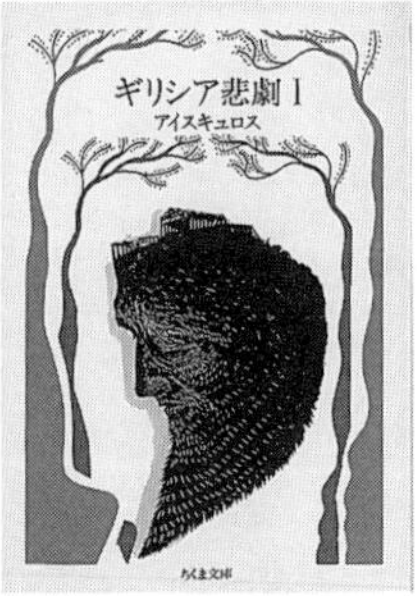

アイスキュロス「オレステイア」『ギリシア悲劇Ⅰ　アイスキュロス』(ちくま文庫)

ピンダロス『祝勝歌集、断片選』(京都大学学術出版会)

乱（抄）」として所収（河島英昭訳）＊品切〕
16　**ラシーヌの悲劇**〔『フェードル、アンドロマック』（渡辺守章訳、岩波文庫、一九九三年）
など〕
17　**モリエールの喜劇**〔『人間ぎらい』（内藤濯訳、新潮文庫、一九五二年）／『モリエール全
集』（全一〇巻）（ロジェ・ギシュメール、廣田昌義・秋山伸子編、臨川書店、二〇〇〇〜〇
三年）⇩六〇頁〕
18　**モンテーニュ**『**エセー**』★★
19　**シェイクスピア**★★
20　**ミルトン**『**失楽園**』（上・下）（平井正穂訳、岩波文庫、一九八一年）
21　**パルカル**『**パンセ**』（全二冊）（前田陽一・由木康訳、中公クラシックス、二〇〇一年）
22　**セルバンテス**『**ドン・キホーテ**』★★
23　**ゲーテ**『**ファウスト**』☆〔（高橋義孝訳、新潮文庫、改版一九九六年）／（全二巻）（池内紀
訳、集英社文庫、二〇〇四年）／（上・下）（柴田翔訳、講談社文芸文庫、二〇〇三年）／（手
塚富雄訳、中公文庫、一九七四年）〕
24　**ヘルダーリン**『**ヘルダーリン詩集**』（川村二郎訳、岩波文庫、二〇〇二年）など〕
25　**ジョン・キーツ**『**対訳 キーツ詩集**』（宮崎雄行編、岩波文庫、二〇〇五年）／『キーツ全
詩集』（全三巻、別巻一）（出口保夫訳、白鳳社、一九七四年）など〕
26　**シャルル・ボードレール**『**悪の華**』〔（堀口大學訳、新潮文庫、改版二〇〇二年）／ボオド
レール『悪の華』（鈴木信太郎訳、岩波文庫、一九六一年）／『ボードレール全詩集1』（阿部
良雄訳、ちくま文庫、一九九八年）〕
27　**トルストイ**『**戦争と平和**』〔（全四冊）（米川正夫訳、岩波文庫、改版一九八四年）／（全四
巻）（工藤精一郎訳、新潮文庫、一九七二年）〕

『コーラン』Ⅰ・Ⅱ（中公クラシックス）

アリオスト『狂えるオルランド』（名古屋大学出版会）

28 ドストエフスキー『カラマーゾフの兄弟』★★
29 ディケンズ『大いなる遺産』☆（上・下）（山西英一訳、新潮文庫、一九五一年）
30 ヴィクトル・ユーゴー『レ・ミゼラブル』（全四冊）（豊島与志雄訳、岩波文庫、改版一九八七年）
31 スタンダール『赤と黒』〔（上・下）（桑原武夫・生島遼一郎訳、岩波文庫、一九五八年）／（上・下）（小林正訳、新潮文庫、一九五七～五八年）〕
32 ジョージ・エリオット『ミドルマーチ』（全四巻）（工藤好美・淀川郁子訳、講談社文芸文庫、一九九八年）
33 アレッサンドロ・マンゾーニ『いいなづけ』（『いいなづけ――17世紀ミラーノの物語〔新装版〕』上・下、平川祐弘訳、河出書房新社、一九九一年）＊品切
34 レオパルディ『歌集 Canti』（『ジャコモ・レオパルディーカンティ詩抄』、犬丸和雄訳、イタリア書房、一九七二年）＊品切
35 T・S・エリオットの詩〔『エリオット詩集〔新装版〕』（上田保・鍵谷幸信訳、思潮社、一九七五年）／『キャッツ』（池田雅之訳、ちくま文庫、一九九五年）など〕
36 ヴァレリーの詩〔『ヴァレリー・セレクション（上）』（東宏治・松田浩則編訳、平凡社ライブラリー、二〇〇五年、以下続刊）／『ヴァレリー詩集』（鈴木信太郎訳、岩波文庫、一九六八年）＊品切〕
37 リルケ『ドゥイノの悲歌』〔（手塚富雄訳、岩波文庫）＊品切／（手塚富雄訳、アトリエHB、二〇〇三年）岩波文庫からの収録〕
38 ジョイムズ・ジョイス『ユリシーズ』☆（全四巻）（丸谷才一訳、集英社文庫、二〇〇三年）
39 トーマス・マン『ヨゼフとその兄弟たち』☆（『トーマス・マン全集4・5』、高橋義孝訳、新潮社、一九七二年）＊品切

セルバンテス『ドン・キホーテ』全六冊（岩波文庫）

リルケ『ドゥイノの悲歌』（アトリエHB）

40　フランツ・カフカ『カフカ小説全集』(全六巻)(池内紀訳、白水社、二〇〇一年)⇩六四頁〕

41　プルースト『失われた時を求めて』★★

ツィオルコフスキー氏の推薦になるものと数の上で若干の差があるものの、全体の方向性においてはほぼ重なると見てよいだろう。ボイターニ氏のリストで注目されるのは『コーラン』だが、米英と違って地続きにイスラム世界に隣接するという状況がこれを説明するだろう。アリオスト、タッソー、マンゾーニとレオパルディは、国民文化を越えて燦然と輝くが、同時に力強く続くイタリアの文化伝統を思わせるのに十分である。

中国語圏

選者＝陳來（北京大学教授）*

陳來氏は、中国とそれ以外の国の文化とを分けてリストを作成してくださった。以下その区分に従う。中国の文物について私〔高田〕は無知であるため、畏敬する同僚の中島隆博氏にコメントをお願いした。陳來氏を紹介してくれたのも中島隆博氏である。言うまでもなく、選者の選定はあくまで私の判断であり、陳來氏への信頼はひとえに私の中島氏への全幅の信頼と尊敬に由来する。とはいえ、言うまでもなく、すべ

*専門は中国哲学および哲学史。一九五二年生まれ。著書に、『古代思想文化的世界』、『現代中国哲学を求めて』、『人文主義的視界』、『古代の宗教と倫理——儒家思想の根源』、『有無の境——王陽明哲学の精神』など。

ての最終責任は私にある。

［中国文化名著］

1 『**論語**』〔（金谷治訳注、岩波文庫、改訳一九九九年）／（全二冊）（貝塚茂樹訳、中公クラシックス、二〇〇二年）／（加地伸行訳、講談社学術文庫、二〇〇四年）〕

2 『**孟子**』〔（上・下）（小林勝人訳注、岩波文庫、一九六八年）／（貝塚茂樹訳、講談社学術文庫、二〇〇四年）〕

3 『**老子**』〔（武内義雄訳註、岩波文庫、一九四三年）＊品切／（小川環樹訳注、中公文庫、改版一九九七年）〕

4 『**荘子**』〔（全四冊）（金谷治訳注、岩波文庫、一九七一年）／（全二冊）（森三樹三郎訳、中公クラシックス、二〇〇一年）〕

5 『**孫子兵法**』〔『孫子』（町田三郎訳、中公文庫ビブリオ、改版二〇〇一年）／『新訂　孫子』（金谷治訳注、岩波文庫、二〇〇〇年）〕

6 『**荀子**』〔（澤田多喜男・小野四平訳、中公クラシックス、二〇〇一年）／（全二冊）（金谷治訳注、岩波文庫、一九六一年）＊品切〕

7 『**周易**』〔**易経**〕〔『易経』（全二冊）（高田真治・後藤基巳訳、岩波文庫、一九六九年）〕

8 『**韓非子**』（全四冊）（金谷治訳注、岩波文庫、一九九四年）

9 『**左伝**』〔**春秋左氏伝**〕〔『春秋左氏伝』（全三冊）（小倉芳彦訳、岩波文庫、一九八八年）〕

10 『**史記**』〔**史記列伝**〕〔『史記列伝』（全五冊）（小川環樹・今鷹真・福島吉彦訳、岩波文庫、一九七五年）／（全二冊）（貝塚茂樹・川勝義雄訳、中公クラシックス、二〇〇一年）／『史記』五～八巻「列伝」（小竹文夫・小竹武夫訳、ちくま文庫、一九九五年）〕

『論語』（岩波文庫）

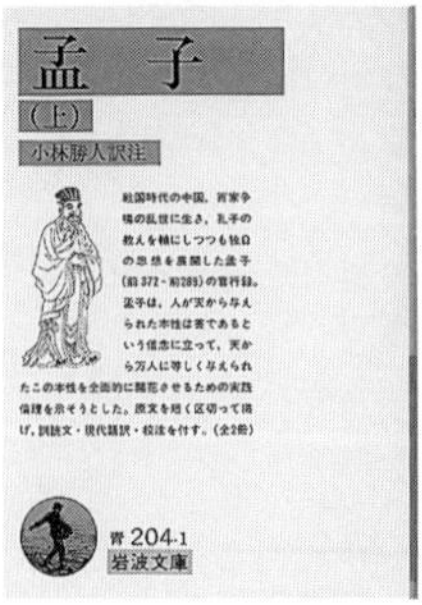

『孟子』上・下（岩波文庫）

11 『壇経』［「六祖壇経書」（「六祖壇経」『世界の名著18　禅語録』所収、中公バックス、一九七八年）＊品切］
12 『古尊宿語録』
13 『近思録』［朱熹と呂祖謙の共選］（『近思録』、秋月胤継訳註、岩波文庫、一九四二年）＊品切
14 『四書章句集注』［朱子学の創始者・朱熹が「四書（『大学』『中庸』『論語』『孟子』）」に註を付けて解釈したもの］（「大学章句」『大学・中庸』、金谷治訳注、岩波文庫、一九九八年）
15 『伝習録』（王陽明）［（山田準・鈴木直治訳註、岩波文庫、一九三六年）＊品切／『伝習録』（近藤康信著・鍋島亜朱華編、新書漢文大系22、明治書院、二〇〇三年）］
16 『大同書』（康有為著）（『大同書』坂出祥伸著、中国古典新書、明徳出版社、一九七六年）
17 『天演論』（厳復訳）
18 『詩経選』（余冠英選注）
19 『漢魏六朝詩選』（余冠英選注）
20 『唐詩三百首詳析』（喩守真編著）
21 『宋詩選注』（銭鍾書選注）（『宋詩選注』全三巻、宋代詩文研究会訳注、平凡社東洋文庫、二〇〇四年）
22 『唐宋詞選釈』（俞平伯選注）
23 『古文観止』（呉調候・呉楚材選注）
24 『三国志演義』［（全七巻）（井波律子訳、ちくま文庫、二〇〇二年）／『完訳　三国志』（全八冊）（小川環樹・金田純一郎訳、岩波文庫、一九八八年）／『正史　三国志』（全六巻）（今鷹真・井波律子・小南一郎訳、ちくま学芸文庫、一九九三年）］

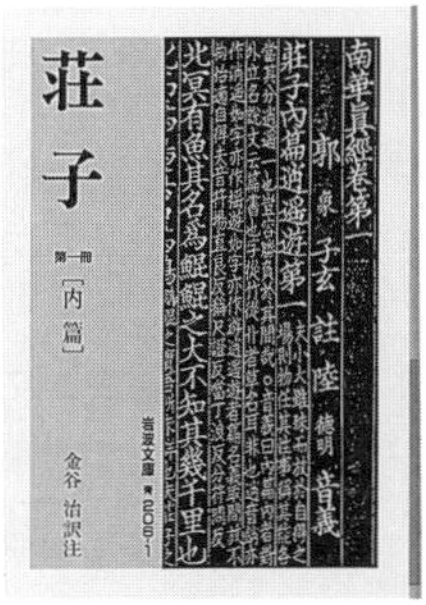

『荘子』全四冊（岩波文庫）

『荀子』（中公クラシックス）

25 『西遊記』（全一二冊）（中野美代子訳、岩波文庫、新版二〇〇五年、刊行中）

26 『水滸伝』〔『完訳　水滸伝』（全一〇冊）（吉川幸次郎・清水茂訳、岩波文庫、一九九八年）〕

27 『紅楼夢』〔（全一〇巻）（伊藤漱平訳、平凡社ライブラリー、一九九六〜九七年）／（全一二冊）（高蘭墅　補・松枝茂夫訳、岩波文庫、一九七二年）＊品切〕

〔以下、**中島隆博記**〕　中国では古来、学問の分類に大いに情熱を注いできた。経史子集の四部分類はその代表的なもので、今でも漢籍はその順に配架されている。しかし、それは、単に図書分類のためになされたわけではない。それは、この世界をどう捉え、どのような原理で切り分け、如何なるジャンルのもとに理解するのかという世界観に関わっている。学問の分類は、その文化の根本的な姿勢を規定するものなのだ。それを固定化できると信じる時、人はある文化の固有性を語って安心しようとする。しかし、その分類自体が歴史的に作られたものであり、突き詰めて考えていけば、分類の中に潜む不整合や、分類から抜け落ちてしまうものに気づかざるを得ない。そして何よりも、別の分類原理を有した他なる文化と接触した時、人は他の分類の可能性に逢着する。かくして、「文化は複数である」と思い知るのだが、それは何も複数の文化を睥睨する高みに立つことではない。そうではなく、一つの文化に属しながらも、それが決して自らに閉じることなく、新たなもの・他なるものに開かれながら、たえず

『易経』上・下（岩波文庫）

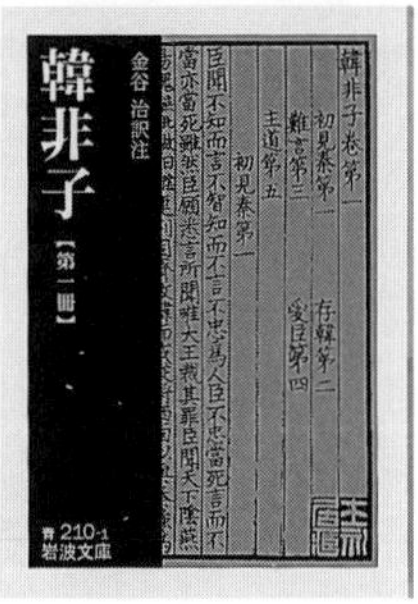

『韓非子』全四冊（岩波文庫）

変容していくことを、身をもって経験することなのだ。

さて、陳來氏のリストが興味深いのは、それが、こうした学問の分類と文化の複数性に対する感受性を示しているからである。教養というものは、ある特定の文化に自らを登録することでも、諸文化のエッセンスを消費することでもない。それは、文化とその複数性に対する感受性のあり方であって、身体的な変容の経験そのものである。厄介なことに、人はその感受性を、他の人の感受性を通じてしか獲得できない。陳來氏のリストは、そうした感受性の獲得の見事な範例であり、中国での教養のあり方を示して余りあるとともに、わたしたちを根底的な変容へと誘っているのである。

リストの冒頭に置かれているのは、『論語』と『孟子』である。どちらの書物もよく知られているものだが、しかし、それがカノン（経書）と見なされるようになったのは、朱熹以後のことである。朱熹は、それまでの学問の編成を根底から組み立て直し、中国文化を再定義しようとした。なぜなら、今で言う文学・哲学・政治・美学そして宗教に関する言説が、唐から宋にかけてすでに大きく変容していたからであるし、加えて仏教という他なる原理を有した文化に対抗することが重要な問題であったからである。ここで朱熹は自ら、新たな解釈体系と新たな言説形式を発明していく。それが具体化されたのが、『近思録』であり『四書章句集注』であった。王陽明の『伝習録』もその延長上にあるものだ。これらの選定は、朱子学者として出発した陳來氏の面目躍如といったところであろう。

『春秋左氏伝』上・中・下（岩波文庫）

『伝習録』（近藤康信著・鍋島亜朱華編、明治書院、新書漢文大系22）

その一方で、陳來氏は仏教への目配りも忘れていない。ここには『壇経』と『古尊宿語録』の二書が挙げられている。前者は、見性成仏を唱えた頓悟禅と呼ばれる南宗禅の根本教典である。それは従来、六祖慧能の説法を弟子の法海が集録したものだと考えられてきた。しかし、ロンドンとパリで敦煌本を調査した胡適は、それを慧能の別の弟子である荷沢神会の作であると断じて、大きな論争を引き起こした。日本でも鈴木大拙がその詳細な研究を行っていたが、その後、作者問題を超えて、禅とは何か、禅と歴史の関係は何かという両者の対決に帰着していった。つまり、これは、単に唐の時代の禅文献である以上に、近代仏教の問題意識を考えるのに重要な書物なのである。後者も禅の書物であって、宋の時代に頤蔵主が禅宗の「尊宿（高僧）」の語録を集めて作った『古尊宿語要』をもとに、さらに多くの語録をつけ加えて明の時代に編纂し直したものである。

中国文化にとって、仏教と並ぶ大きな衝撃は、言うまでもなく近代西洋との出会いである。その中でも、トーマス・ハックスリー『進化と倫理』を訳した厳復の『天演論』は、一九世紀末の中国社会を震撼させた。それは、ハックスリーの原意とは異なり、スペンサー的な社会進化論の過酷さを強調したもので、このままでは中国文化が亡んでしまうという危機感を人々に刻みつけた。それを背景に、康有為を中心とする変法自強派は、救国を主張したのである。この運動自体は政治的には失敗に終わったのだが、科挙が廃止され、西洋的な学制と学問分類が登場したのは、それからほどな

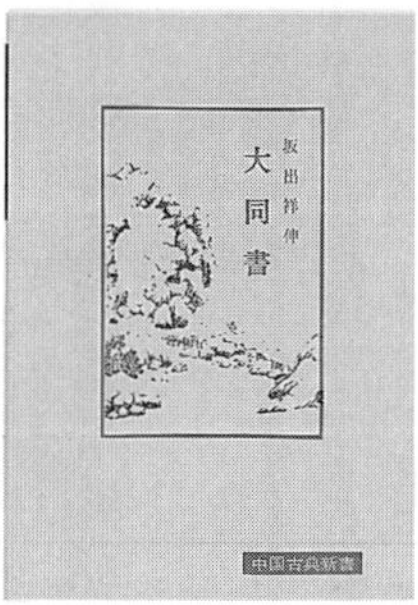

『大同書』（坂出祥伸著、明徳出版社、中国古典新書）

くであった。ちなみに、康有為は『左伝』の権威を退け、社会変革の可能性を擁護した『公羊伝』を称揚し、その『大同書』において万人が平等である理想社会を描いた人物である。

〔世界文化名著〕

1 『聖書』★★★

2 プラトン『国家』☆（上・下）（藤澤令夫訳、岩波文庫、一九七九年）

3 アリストテレス『ニコマコス倫理学』〔（上・下）（高田三郎訳、岩波文庫、一九七一年）／『西洋古典叢書G28 ニコマコス倫理学』（朴一功訳、京都大学学術出版会、二〇〇二年）〕『エウデモス倫理学』〔『世界の名著8 アリストテレス』（田中美知太郎訳、中公バックス、一九七九年）＊品切〕

4 アウグスティヌス『告白』★★

5 ジョン・ロック『人間知性論』（全四冊）（大槻春彦訳、岩波文庫、一九七二年）

6 フランシス・ベーコン『ノヴム・オルガヌム』（桂寿一訳、岩波文庫、一九七八年）＊品切

7 モンテスキュー『法の精神』（全三冊）（野田良行・稲本洋之助訳、岩波文庫、一九八九年）

8 ジャン＝ジャック・ルソー『社会契約論』〔（桑原武夫・前川貞次郎訳、岩波文庫、一九五四年）／（井上幸治訳、中央公論新社、一九七四年）＊品切〕

9 ホッブス『リヴァイアサン』（全四冊）（水田洋訳、岩波文庫、改訳一九九二年）

10 イマヌエル・カント『実践理性批判』〔（波多野精一・宮本和吉・篠田英雄訳、岩波文庫、一九七九年）／『実践理性批判〔新装版〕』（宇都宮芳明訳、以文社、二〇〇四年）〕

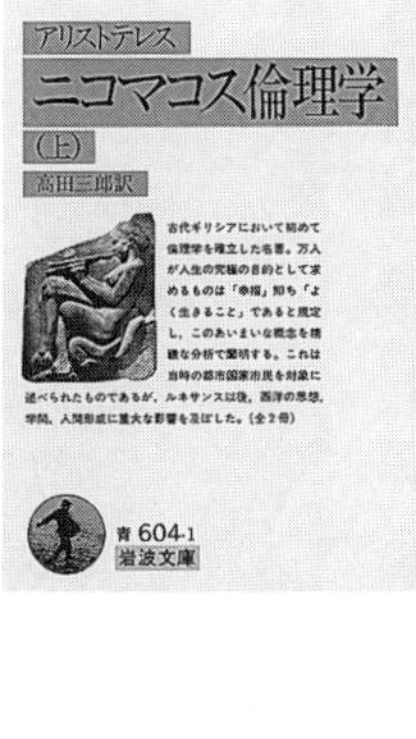

アリストテレス『ニコマコス倫理学』上・下（岩波文庫）

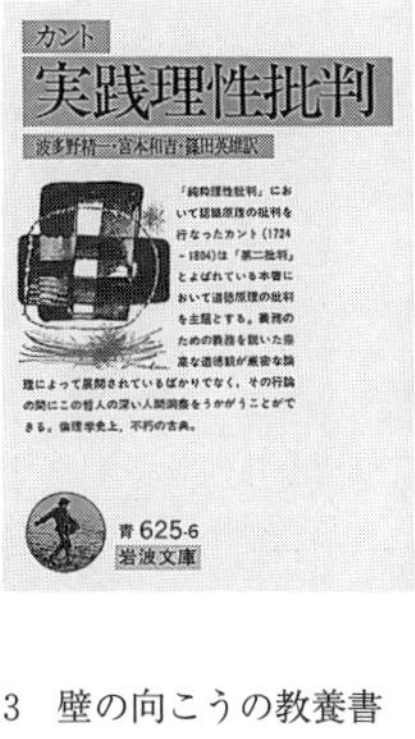

カント『実践理性批判』（岩波文庫）

11　ヘーゲル『精神現象学』〔(上・下)(樫山欽四郎訳、平凡社ライブラリー、一九九七年)／(長谷川宏訳、作品社、一九九八年)〕

12　マルクス、エンゲルス『共産党宣言』〔(大内兵衛・向坂逸郎訳、岩波文庫、改訳一九七一年)／(村田陽一訳、大月書店、一九八三年)／『共産党宣言、共産主義の諸原理』(服部文男訳、新日本出版社、一九九八年)〕

13　エンゲルス『家族・私有財産・国家の起源』〔(土屋保男訳、新日本出版社、一九九九年)／『家族・私有財産・国家の起源』(戸原四郎訳、岩波文庫、一九六五年)＊品切〕

14　ダーウィン『種の起原』(上・下)(八杉龍一訳、岩波文庫、改版一九九〇年)＊品切

15　フロイト作品集〔『フロイト著作集』(全一一巻)(井村恒郎ほか編、人文書院、一九六八〜八四年)⇩六一頁〕

16　ニーチェ『悲劇の誕生』〔(秋山英夫訳、岩波文庫、一九六六年)／(西尾幹二訳、中公クラシックス、二〇〇四年)／『ニーチェ全集2』(塩屋竹男訳、ちくま学芸文庫、一九九三年)〕

17　マックス・ヴェーバー『プロテスタンティズムの倫理と資本主義の精神』〔(大塚久雄訳、岩波文庫、改訳一九八九年)／(梶山力訳・安藤英治編、未來社、一九九四年)〕

18　ロールズ『正義論』(矢島鈞次訳、紀伊國屋書店、一九七九年)＊品切

19　『コーラン』★★

20　ホメロス『イリアス』★★★『オデュッセイア』★★★

21　紫式部『源氏物語』〔(現代語訳付)(全一〇冊)(玉上琢彌訳注、角川ソフィア文庫、一九六四年)／『源氏物語』(ハンディ版)(全一六冊)(阿部秋生・秋山虔・今井源衛・鈴木日出男　校注訳、小学館古典セレクション、一九八八年)／現代語訳は、与謝野晶子訳(角川文庫)、今泉忠義訳(講談社学術文庫)など〕

モンテスキュー『法の精神』全三冊(岩波文庫)

ヘーゲル『精神現象学』上・下(平凡社ライブラリー)

22 ダンテ『神曲』★★★
23 シェイクスピア『ハムレット』☆［（小田島雄志訳、白水社uブックス、一九八三年）、全集第三巻所収／（永川玲二訳、集英社文庫、一九九八年）／（野島秀勝訳、岩波文庫、二〇〇二年）／『シェイクスピア全集1』（松岡和子訳、ちくま文庫、一九九六年）⇩四〇頁］
24 セルバンテス『ドン・キホーテ』★★★
25 ゲーテ『ファウスト』★★
26 ヴィクトル・ユーゴー『レ・ミゼラブル』★★
27 シャーロット・ブロンテ『ジェーン・エア』［（上・下）（大久保康雄訳、新潮文庫、一九五三～五四年）／『ジェイン・エア』（上・下）（遠藤寿子訳、岩波文庫、一九五七年）］
28 スタンダール『赤と黒』★★
29 トルストイ『復活』☆［（上・下）（木村浩訳、新潮文庫、改版二〇〇四年）／（上・下）（中村白葉訳、岩波文庫、改版一九七九年）＊品切］
30 ドストエフスキー『罪と罰』☆［（上・中・下）（江川卓訳、岩波文庫、一九九九～二〇〇〇年）／（上・下）（工藤精一郎訳、新潮文庫、一九八七年）］

陳來氏の挙げた「世界文化名著」のリストに目を移すと、近代以後の中国の学問がどのようなジャンルと作品に注目していたのかがよくわかる。その中で一つだけ、カントの『実践理性批判』に言及しておきたい。近代中国の哲学は、一方で、認識論と形而上学の領域で西洋の哲学を受容するとともに、中国の思想をこの方向に「純粋哲学化」していった。しかし、その他方で、中国思想は常に倫理的・政治的な実践に関

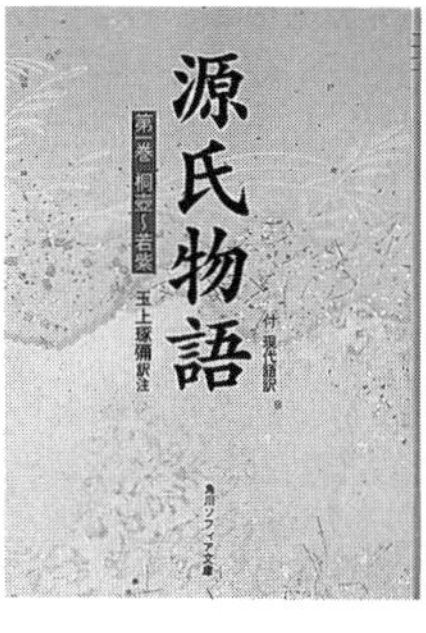

紫式部『源氏物語』（現代語訳付）全一〇冊（角川ソフィア文庫）

『三国志演義』全七巻（ちくま文庫）

わってきたと考えられたため、この領域において西洋哲学を凌駕し、補完できると信じられたのである。そして、その一つの焦点が『実践理性批判』であった。つまり、純粋理性と実践理性との架橋しがたい分割というカント的限界を超えて、後者を徹底することで道徳的主体を立ち上げ、前者をそこに包含しようとしたのである。この書物には、近代中国哲学の問題意識が凝縮されて見てとれるのである。

最後に、文学作品について二三述べておく。中国の文学は、『詩経』という起源をたえず参照する文学史観を持ち続けてきた。ところが、とりわけ明以後、その規範に縛られない作品が次々に登場し、出版技術の進展とともに多くの読者を獲得していった。『三国志演義』、『西遊記』、『水滸伝』、『紅楼夢』がそれである。とはいえ、それが近代的な「小説」として文学史の中心に置かれるようになるのは、魯迅を待たなければならなかった。その魯迅が戦っていたのは、当時、牢固として文化を支配していた古文であり、それに取り憑く中国文化の亡霊であった。したがって、「小説」という新たな文学ジャンルを導入することは、中国文化そのものを変容させることであったのだ。

とはいえ、批判の対象であった古文もまた、単純ではない。清代に中国の代表的な古文を集めて教材とした『古文観止』がここには挙げられているが、そもそも古文は唐代においては全く新たな文の原理の主張であった。模倣を禁止し、自らに発する文というその理念は、実は近代の文学と奇妙にも呼応してしまう。ところが、それは容

『完訳 水滸伝』全一〇冊（岩波文庫）

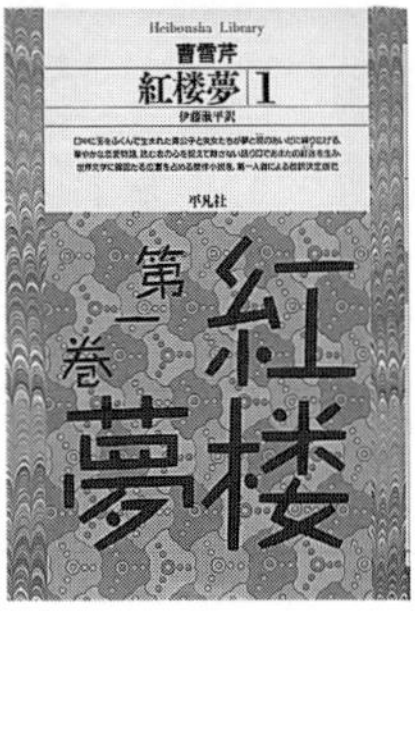

『紅楼夢』全一〇巻（平凡社ライブラリー）

易に過度の模倣と踏襲に転じ、宋代に科挙に組み込まれることで、中国文化を体制化する装置となったのである。ちなみに、さきほどの厳復は、桐城派古文の最後の驍将である。中国文化の固有性に自らを捧げてきた古文は、他なる文化を翻訳することで、自らその役割を終えたのである。

どうやら贅言が過ぎたようである。あるいは卮言（『荘子』）であったかもしれない。司馬遷は「往事を述べ、来者を思う」（『史記』）と述べたが、未来の読者をこれ以上引き留めるのは無用と承知して、今はもう、来るべきものに思いを馳せることにしたい。

〔以上、中島博隆記〕

ツィオルコフシキー、ボイターニ両氏と重なるところを勘案して、再びミシュラン風に★と☆印をつけてみた。並べ方の順序に疑問を抱く向きもあるかもしれないが、陳來氏の場合、その基準自体を考えるのもまた一興と心得る。

一見して明らかなように、陳來氏のリストは西洋流に所謂「文芸文学」と「哲学思想」との双方に及ぶ。先に掲げた西洋のリストは主に「文芸文学」に代表されていたように思えるので、そのバランスの調整のために、哲学者・思想家に登場して頂く必要がありそうである。以下、英語圏とロマンス語圏のその分野における代表者に同様のリストをお願いした。

英語圏②　選者＝リチャード・ローティ（スタンフォード大学名誉教授）*

1　ホメロス『イリアス』★★★

2　『旧約聖書』（「創世記」、「出エジプト記」、「詩篇」、「箴言」）★★★

3　ツキジデス『戦史』〔トゥーキュディデース『戦史』（全三冊）（久保正彰訳、岩波文庫、一九六六～六七年、復刊二〇〇五年）／トゥキュディデス『歴史』（全二巻）（西洋古典叢書G12・G31、第一巻・藤縄謙三訳、第二巻・城江良和訳、京都大学学術出版会、二〇〇〇・〇三年）〕

4　ソポクレス『オイディプス王』★★★『コロノスのオイディプス』★★

『アンティゴネー』☆〔（呉茂一訳、岩波文庫、一九六一年）／（同訳、『ギリシア悲劇Ⅱ　ソポクレス』、ちくま文庫、一九八六年）／『ギリシア悲劇全集3』所収（松平千秋ほか編、岩波書店、一九九六年）＊品切〕

5　プラトン『ソクラテスの弁明』☆〔（山本光雄訳、角川ソフィア文庫、二〇〇〇年）／（田中美知太郎・藤澤令夫訳、中公クラシックス、二〇〇二年）／（三嶋輝夫・田中享英訳、講談社学術文庫、一九九八年）／（久保勉訳、岩波文庫、改版一九六四年）〕

『パイドロス』☆（藤沢令夫訳、岩波文庫、一九六七年）

『メノン』☆（藤沢令夫訳、岩波文庫、一九九四年）

『饗宴』★★『国家』★★

6　アリストテレス『ニコマコス倫理学』★★

7　カトゥッルス「詩集」〔（抄訳）カトゥルルス「レスビアの歌」（『ローマ恋愛詩人集』所収、中山恒夫訳、国文社、一九八五年）〕

＊ Richard Rorty (Professor of Comparative Literature at Stanford University). 一九三一年生まれ。専門は哲学であったが、「哲学の終焉」を実践して論陣を張る。著書に、『哲学と自然の鏡』、『哲学の脱構築―プラグマティズムの帰結』、『リベラル・ユートピアという希望』、『偶然性・アイロニー・連帯』、『アメリカ未完のプロジェクト』など（以上、邦訳あり）。

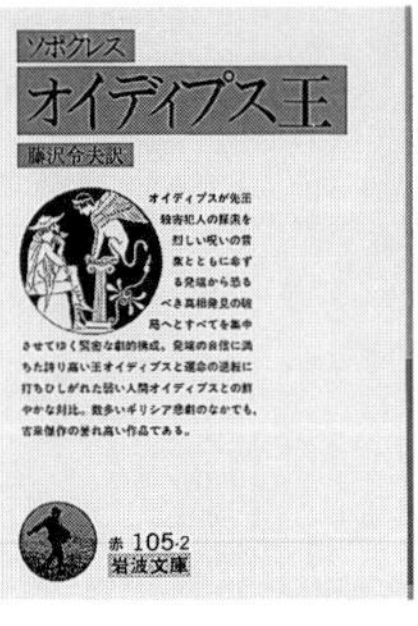

ソポクレス『オイディプス王』（岩波文庫）

8 『新約聖書』(「福音書」、パウロの「書簡」) ★★★★

9 アウグスティヌス『神の国』(全五冊)(服部英次郎・藤本雄三訳、岩波文庫、一九八二～九一年)＊品切

10 ピコ・デッラ・ジョバンニ・ミランドラ『人間の尊厳について』(大出哲・阿部包・伊藤博明訳、国文社、一九八五年)

11 ダンテ『神曲』★★★

12 ガリレオ・ガリレイ『新科学対話』(上・下)(今野武雄・日田節次訳、岩波文庫、一九三七・四八年)＊品切

13 シェイクスピア [全集⇩四〇頁。以下の新潮文庫版は福田恆存訳]

『ハムレット』★★

『リア王』☆ [(新潮文庫、一九六七年)／(野島秀勝訳、岩波文庫、二〇〇〇年)]

『オセロ』☆ [『オセロー』(新潮文庫、一九五一年)／『オセロウ』(岩波文庫、菅泰男訳、一九六〇年)／『オセロ 改版』(三神勲訳、角川文庫クラシックス、一九七二年)]

『ジュリアス・シーザー』☆ [(新潮文庫、一九六八年)／(中野好夫訳、岩波文庫、一九八〇年)]

『あらし』☆ [(『真夏の夜の夢、あらし』、新潮文庫、改版二〇〇三年)／(豊田実訳、岩波文庫、一九六四年)＊品切]

『リチャード二世』☆ (小田島雄志訳、白水社uブックス、一九八三年)

『ソネット集』☆ (高松雄一訳、岩波文庫、一九八六年)

14 ホッブス『リヴァイアサン』★★

15 デカルト『省察』[(三木清訳、岩波文庫、一九四九年)＊品切／『省察、情念論』(井上庄七訳、中公クラシックス、二〇〇二年)]

ソポクレース『アンティゴネー』(岩波文庫)

モリエール「タルチュフ」(『モリエール全集4』臨川書店)

『方法序説』〔(谷川多佳子訳、岩波文庫、一九九七年)／『方法序説ほか』(野田又夫訳、中公クラシックス、二〇〇一年)〕

16 モリエール『タルチュフ』☆『町人貴族』☆『いやいやながら医者にされ』☆〔(鈴木力衛訳、岩波文庫、順に一九五五・五六・六四年)＊品切／『モリエール全集』、順に第四巻「仮面と欲望」、第八巻「コメディ＝バレエの美学」、第五巻「恋と病い」に所収／全集⇩四五頁〕

17 デイヴィット・ヒューム『自然宗教に関する対話』(『ヒューム宗教論集2』、福鎌忠恕・斎藤繁雄訳、法政大学出版局、一九七五年)＊品切

18 イマヌエル・カント『道徳形而上学原論』☆〔(篠田英雄訳、岩波文庫、一九六〇年)／『道徳形而上学の基礎づけ〔新装版〕』(宇都宮芳明訳、以文社、二〇〇四年)〕

19 ヘーゲル『歴史哲学講義』☆(上・下)(長谷川宏訳、岩波文庫、一九九四年)

20 ゲーテ『ファウスト』★★★

21 シェリー『詩の弁護』(森清訳注、研究社出版、一九六九年)＊品切

22 メアリ・ウルストンクラーフト『女性の権利の擁護』(白井尭子訳、未來社、一九八〇年)

23 バルザック『ゴリオ爺さん』〔(上・下)(高山鉄男訳、岩波文庫、一九九七年)／(平岡篤頼訳、新潮文庫、一九七二年)〕

24 ディケンズ『ハード・タイムズ』☆(山村元彦訳、英宝社、二〇〇〇年)

25 エリオット『ミドルマーチ』★★

26 ボードレール『悪の華』★★

27 メルヴィル『白鯨』★★

28 キルケゴール『哲学的断片』〔『キルケゴール著作集6〔新装〕』(大谷愛人訳、白水社、一九九五年)＊品切／『世界の名著40 キルケゴール』(桝田啓三郎編、中公バックス、一九六

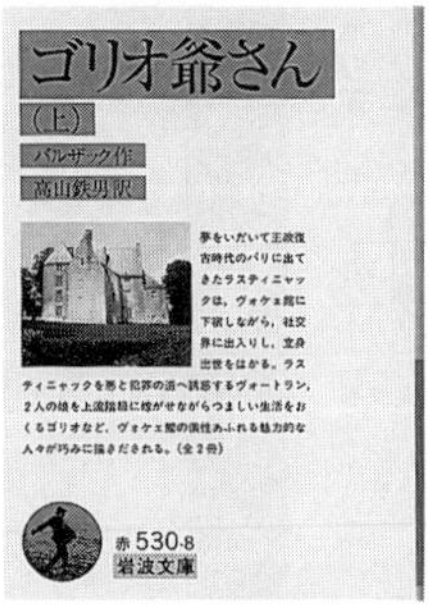

バルザック『ゴリオ爺さん』上・下（岩波文庫）

メアリ・ウルストンクラーフト『女性の権利の擁護』（未來社）

六年)＊品切〕

29 **J・S・ミル『功利主義』**(早坂忠訳、『世界の名著49 ベンサム、J・S・ミル』、中公バックス、一九七九年)

『自由論』(塩尻公明・木村健康訳、岩波文庫、一九七一年)

『女性の解放』(大内兵衛・大内節子訳、岩波文庫、一九五七年)

30 **トウェイン『ハックルベリー・フィンの冒険』**★★

31 **チェーホフ**〔岩波文庫、新潮文庫に収録。『桜の園』『三人姉妹』『ワーニャ伯父さん』など〕

32 **ドストエフスキー『カラマーゾフの兄弟』**★★★

33 **ダーウィン『種の起原』**★★

34 **ウィリアム・ジェイムズ『プラグマティズム』**(桝田啓三郎訳、岩波文庫、一九五七年)

35 **ニーチェ『偶像の黄昏』**☆**『悦ばしき知識』**☆(『ニーチェ全集』所収、順に第一四巻・原佑訳、第八巻・信太正三訳、ちくま学芸文庫、一九九三・九四年)

36 **ドライサー『シスター・キャリー』**(上・下)(村山淳彦訳、岩波文庫、一九九七年)

37 **フロイト『精神分析学入門』**☆〔(全二巻)(懸田克躬訳、中公クラシックス、二〇〇一年)/『精神分析入門』(上・下)(高橋義孝・下坂幸三訳、新潮文庫、一九七七年)〕

38 **プルースト『失われた時を求めて』**★★★

39 **ハックスリー『すばらしい新世界』**(松村達雄訳、講談社文庫、一九七四年)

40 **ジョージ・オーウェル『一九八四年』**(新庄哲夫訳、早川文庫、一九七二年)

デカルトを筆頭として、ツキジデス、バルザック、キルケゴール、ミルは当然挙げ

ボードレール『悪の華』(新潮文庫)

ドストエーフスキイ『カラマーゾフの兄弟』全四冊(岩波文庫)

られてしかるべき名前と言うことができる。ウルストンクラーフトは流石と感心させられるが、極めつけはカトゥッルスだ。教養は幅と奥行きが大事だが、それに加えて粋なところも必要だろう。ローティー氏のカトゥッルスはまさにそれに当たるだろう。

ロマンス語圏②

選者＝マッシモ・カッチャーリ（聖ラッファエーレ大学（ミラノ）哲学科主任教授、ヴェネチア前市長）*

1　**ホメロス『イリアス』★★★★『オデュッセイア』★★★★**
2　**アイスキュロス『オレステイア』★★**
『ペルシア人』☆（『ギリシア悲劇I　アイスキュロス』、高津春繁訳、ちくま文庫、一九八五年）
3　**ソポクレス『アンティゴネー』★★『オイディプス王』★★★**
『コロノスのオイディプス』★★★
4　**ツキジデス『戦史』★★**
5　**ウェルギリウス『アエネーイス』★★★**
6　**アウグスティヌス『告白』★★★『神の国』★★**
7　**トマス・アクィナス『神学大全』**（既刊一～二〇、二二～二八、四一～四三巻）（高田三郎ほか訳、創文社、一九七三年～、刊行中）
8　**ダンテ『神曲』★★★★**
9　**モンテーニュ『エセー』★★★**

* Massimo Cacciari (Presidente del Comitato Ordinatore della Facoltà di Filosofia, Professore Ordinario di Estetica, Università Vita-Satule San Raffaele; ex-Sindaco di Venezia)。一九四四年生まれ。著書に、『必要なる天使』(邦訳、人文書院)、『半島』、『法のイコン』、『ヨーロッパの地勢哲学』、『最初について』、『最後のことについて』など。

10 ジョルダーノ・ブルーノ『英雄的狂気』〔『ジョルダーノ・ブルーノ著作集』第七巻（加藤守道訳、東信堂、近刊）〕

11 シェイクスピア『ハムレット』★★★『あらし』★★

12 セルバンテス『ドン・キホーテ』★★★★

13 デカルト『省察』★★

14 ヴィーコ『新しい学』（『世界の名著33 ヴィーコ』、清水純一・米山喜晟訳、中公バックス、一九七九年）

15 ヘルダーリン『詩』★★

16 イマヌエル・カント『純粋理性批判』☆〔（上・中・下）（篠田英雄訳、岩波文庫、一九六一〜六二年）／（上・下）（宇都宮芳明訳、以文社、二〇〇四年）／『純粋理性批判』（上）（原佑訳、平凡社ライブラリー、二〇〇五年、以下続刊）〕

17 ヘーゲル『精神現象学』★★

『法の哲学』☆（全二巻）（藤野渉・赤沢正敏訳、中公クラシックス、二〇〇一年）

18 レオパルディ『歌集』★★

19 ゲーテ『親和力』★★

20 スタンダール『赤と黒』★★★

21 トクヴィル『アメリカの民主政治』（上・中・下）（井伊玄太郎訳、講談社学術文庫、一九八七年）

22 シェリング『神話の哲学』〔『シェリング著作集5 神話と啓示の哲学』（大橋良介・諸岡道比古編、燈影舎、近刊）、『シェリング著作集』全五巻、二〇〇五年春より刊行開始〕

23 ボードレール『悪の華』★★★

24 マルクス『資本論』☆〔マルクス・コレクション4〜5『資本論 第一巻』（今村仁司ほ

デカルト「省察」（『省察・情念論』中公クラシックス）

ヴィーコ「新しい学」（『世界の名著33 ヴィーコ』中公バックス）

か訳、筑摩書房、二〇〇五年）／（全九冊）（岡崎次郎訳、国民文庫、大月書店、一九七二年）／『〔新書版〕資本論』（全一三分冊）（社会科学研究所監修・資本論翻訳委員会訳、新日本出版社、一九八九年）〕

25 **ニーチェ『ツァラストゥストラ』**☆〔（上・下）（吉沢伝三郎訳、『ニーチェ全集』第九・一〇巻、ちくま学芸文庫、一九九三年）／『ツァラトゥストラ』（Ⅰ・Ⅱ）（手塚富雄訳、中公クラシックス、二〇〇二年）／『ツァラトゥストラはこう言った』（上・下）（氷上英廣訳、岩波文庫、一九七〇年、ワイド版一九九五年）〕

26 **フロイト『夢判断』**☆〔（上・下）（高橋義孝訳、新潮文庫、一九六九年）／『夢と夢解釈』（金森誠也訳、講談社学術文庫、二〇〇一年）〕

27 **マックス・ウェーバー「経済と社会」**☆〔シリーズ「経済と社会」、既刊『音楽社会学』『支配の社会学1・2』『支配の諸類型』『宗教社会学』『都市の類型学』『法社会学』（創文社、一九六〇年〜）〕

28 **ハイデガー『存在と時間』**〔（上・下）（細谷貞雄訳、ちくま学芸文庫、一九九四年）／（全三巻）（原佑・渡邊二郎訳、中公クラシックス、二〇〇三年）／『存在と時間』（上・中・下）（桑木務訳、岩波文庫、一九六〇年）〕

29 **カフカ『城』**☆〔（原田義人訳、角川文庫、一九六六年）／（前田敬作訳、新潮文庫、一九七一年）／『カフカ小説全集3』（池内紀訳、白水社、二〇〇一年）〕

『審判』☆〔（本野亨一訳、角川文庫、一九五三年）／（辻瑆訳、岩波文庫、一九六六年）／『カフカ小説全集2』（池内紀訳、白水社、二〇〇一年）〕

30 **ムジール『特性のない男』**〔『ムジール著作集1〜6』（加藤二郎訳、松籟社、一九九二〜九五年）〕

31 **ジェイムズ・ジョイス『ユリシーズ』**★★

スタンダール『赤と黒』（岩波文庫）

フロイト『夢判断』上・下（新潮文庫）

32　ジャック・デリダ『根源の彼方に――グラマトロジーについて』（上・下）（足立和浩訳、現代思潮社、一九七二年）
33　ミシェル・フーコー『言葉と物――人文科学の考古学』（渡辺一民・佐々木明訳、新潮社、一九七四年）

おそらく思わず待ってましたと言いたくなるのは、ヴィーコをはじめとして、ハイデガーとデリダそしてフーコーではなかろうか。

蛇足

翻ってリストを見渡せば、西洋文化の均質性に改めて驚かざるを得ない。より正確に言えば、ヨーロッパ近代が作り出した文化伝統のある種の均質性にわれわれは驚嘆する。この均質性を支える強度は、別の見方をすれば、所謂「ヨーロッパ中心主義」に通じることになり、したがって、それを強烈に批判する「オリエンタリズム」とか「ポスト・コロニアリズム」とか「ポリティカル・コレクト」の標的となる。その意味では「フェミニズム」も同じであり、それらの基本原理である文化多元主義に反対するつもりは毛頭ない。

重要なのは、中島隆博氏がいみじくも引いたように、「往事を述べ、来者を思う」ことである。「往時を述べ」ることそれ自体をまずもって否定するような文化多元主

マルティン・ハイデガー『存在と時間』上・下（ちくま学芸文庫）

ジョイス『ユリシーズ』全四冊（集英社文庫）

義はいただけない。あるいはまた、ただ「往時を述べ」ることで満足するような教養も要らない。第二次世界大戦中に残忍きわまる行為を平然となした人々のなかに「往時を述べ」ることに長けた教養人がいなかったわけではない。それはドイツや日本に限ったことではないだろう。だから「来者を思う」ことが肝要なのだ。世界と将来に向けて上記リストをご活用あれ。

【付録】二名以上のお墨付き本

★★★★★
ダンテ『神曲』
ホメロス『イリアス』
★★★★
『聖書』（『新約聖書』『旧約聖書』）
セルバンテス『ドン・キホーテ』
ソポクレス『オイディプス王』
ホメロス『オデュッセイア』
★★★
アウグスティヌス『告白』
ウェルギリウス『アエネーイス』
ゲーテ『ファウスト』
シェイクスピア『ハムレット』
スタンダール『赤と黒』
ソポクレス『コロノスのオイディプス』
ドストエフスキー『カラマーゾフの兄弟』
プルースト『失われた時を求めて』
ボードレール『悪の華』
モンテーニュ『エセー』
★★
『コーラン』
アイスキュロス『オレステイア』
アウグスティヌス『神の国』
アリストテレス『ニコマコス倫理学』
エリオット『ミドルマーチ』
オウィディウス『変身物語』
ゲーテ『親和力』
シェイクスピア『あらし』
ジョイス『ユリシーズ』
ソポクレス『アンティゴネー』
ダーウィン『種の起原』
ツキジデス『戦史』
デカルト『省察』
トウェイン『ハックルベリー・フィンの冒険』
プラトン『饗宴』
プラトン『国家』
ヘーゲル『精神現象学』
ヘルダーリンの詩
ホッブス『リヴァイアサン』
メルヴィル『白鯨』
ユーゴー『レ・ミゼラブル』
レオパルディ『歌章 Canti』

C　O　L　U　M　N

ル・コルビュジエの思考と実践

加藤道夫

二十世紀を代表する建築家ル・コルビュジエは、合理的理性に支えられた技術と合理性を超越する芸術的感性という対立軸をいかに調停し作品化するかという問題と常に直面しつつ、多元的な思考と実践を行った人物である。

彼の『建築へ』は、彼がパリで建築家デビューを果たす直前に自ら編集する雑誌で発表した論考をまとめたものである。以降、彼はこの書に示された多元的な建築的考えを作品化してゆく。『ル・コルビュジエ全作品集』と合わせて読むことで言語化された建築がどのように作品化されるかを見ることができる。また、『全作品集』は、テーマや作品が見開きのページで理解できるように、テキスト、写真、図面がレイアウトされており、「メディア」としての書籍の新しい形を提示している。読むというより「眺め」による理解を目指した点でも評価したい。

ル・コルビュジエ－ソーニエ『建築へ』（樋口清訳，中央公論美術出版，2003 年）

最後に、私が関わったので気が引けるが、『ル・コルビュジエの全住宅』を勧めたい。この書は、実現しないプロジェクトを含めて、すべての住宅作品を模型と図面で紹介するものである。実現されない作品については、模型はもちろんのこと、図面も不完全な形でしか残されていなかった。図面と模型は、出版に合わせて、百名を超える学生により新たに制作された。学生の出版への参加という観点から興味深い試みである。二十一世紀は多元的な思考と実践が求められる時代である。ル・コルビュジエの多元的な思考と実践が参考になれば幸いである。

第II部

座談会〃教養と本〃

佐藤勝彦／浅島 誠
木畑洋一／山本 泰
小林康夫

右上から
佐藤勝彦／浅島 誠／木畑洋一
左上から
山本 泰／小林康夫

〈教養〉とは?——人間の位置

小林　大学という場所が、単に個別の専門知識を教えるだけではなく、もっと総合的に大きく、若い人びとが人間としての自分の力を養う、まさに「教養」の場であるとしたら——そして東京大学は、方針としてそれがいちばん大切だ、ということを宣言している大学なのですけど——、いま若い人が本を読まなくなっていると言われるこの時代に、研究教育を担当している人間として学生に「本を読む喜び」あるいは「本のおもしろさ」を伝えられないか、というのがこの「本の本」の企画の発想でした。

実は、教養学部としてこれを企画する、ということになったときに、わたし個人としての最初の反応は、東京大学あるいは教養学部という名で、「教養」のための本をリストアップするのはおかしいのではないか。もはやそのような「教養」のスタンダードなどないのではないか、というものでした。

しかし同時に、家に帰ると——わたしの娘も大学生なのですが——「どんな本を読んだらいいかリストをちょうだい」と言われたりもする。日々の膨大な刺激と情報にさらされていながら、若い人たちも「自分を形成するための」本を求めているし、またそのためのなんらかのアドヴァイスや指針を求めていないわけではない、と実感させられました。

必読の必須アイテムとしてのリストではなく、むしろそれぞれが自分なりの「教養」を形成するための「手がかり」となるような、「誘い」あるいは「すすめ」の身振りくらいは、むしろ積極的に行うべきではないか、と考えが変わりましてこの編集を引き受けました。

具体的に推奨する本を考える作業のなかで、われわれがそれぞれ考える「教養」の内実がちがっていたり、またそれについて悩むところをそのまま伝えることが重要ではないかと思っています。「教養」なるものがあるとしても、それは日々変わっていくものでしょう。いったい今、何が「教養」なのか、そのあたりから自由にお話をしていただきたいと思います。

浅島　「教養」を定義するのは難しいのですが、僕個人にとっては、それによって自分が今まで知らなかったことを知り、精神的に豊かになる、そういう素地を養うというか、それを自分自身のなかで咀嚼して育て広げていくことだろうと思っています。つまり、自分自身を豊かにすること、人間自身を知ること。たとえば歴史というと普通は人間の歴史だけをいうけれども、われわれの観点で見れば生物の歴史も、宇宙の歴史もある。また社会の歴史もある。そういう大きな歴史のなかで自分が今どういう位置にあるか、ということを知ること。

去年の入学式で佐々木総長が「東京大学に入ってきた皆さんに何が一番求められているか」というと「自分を超える人に出会いなさい」と言ってるんですね。つまり、自分よりもっとすごい人に接すると豊かになれるということですよね。向上心と自律心が生まれるのです。最近は専門化の傾向が強くて、はじめから細い道を進んでいくけど、実はそれを若い時に広げておくことがより多くの可能性を生むと思うんですね。

小林　最初から宇宙という話が出ましたけれども、佐藤先生いかがですか。

佐藤　まあ、教養とは何かとそんなに深刻に考えたことはないんですけど、浅島先生がおっしゃるとおり、やっぱり人生を豊かにする知識という感じがしますね。基本は自分を知ること、人間を知ること。人間を知るには暗闇に閉じこもっていくら考えてもだめなんで、外界というか、広くいえば宇宙はどうなっているのか、そのなかで人間の位置づけがわかってきて豊かになっていくんだと思うんです。若いころはみんな悩んだり苦しんだりすることがあるわけで、正直いって僕自身も大学生のころは自分はどうしてこんなにエゴイスティックなのか、人とうまくやっていけないのかと素直に悩みました。そうはいっても自分は悪魔でもないし、やさしいときもあるんだけれども、どうして自分勝手なんだろうと悩んでいたわけです。そこで人間はどうしてそういう気持ちを持っているのか、人間の心の起源とか、そういうことを学ぶ過程で客観的に自分を見ることができて、自然に生きられるようになったわけです。自分の生き方がすぐに変わるわけじゃないんだけど、やっぱりこの自然世界の全体を知ること、人間を知ることが重要だと思いますね。

実は僕は長谷川寿一さんの大ファンでして、長谷川さんは進化心理学ということで、人の心と肉体というのはまさに生物の進化のなかで決まってきたと言っている。自分がどういうふうな生き方をすればいいかというのは自分でデザインすることができるんだと思うんです。

小林　宇宙物理学の佐藤先生、生命科学の浅島先生から、物理的宇宙そして生命という二つの巨大なスケールのなかで人間の位置を問う、というお話がでました。ズームインするように人間に迫っていくとすれば、次はやはり人間固有のスケール、つまり歴史でしょうか。教養も、この歴史という人間的な、余りに人間的な次元ぬきには考えられませんね。歴史学者として木畑先生いかがでしょう。

木畑　その前に、さっき小林さんがこの企画にちょっと抵抗があったと言われたんですが、私も最初「教養のためのブックガイド」にはひっかかったわけです。つまり、何か決まったディシプリンがあって、そのためのブックガイドならまだ話がわかるかもしれないけど、教養のためのブックガイドとはありうるのかなと。それからブックガイドについても、こういうのを読めばいいよと出されて、「はい、そうですか」といって読むのが教養になるのかと思いました。

小林　教養を強要している。（笑）

木畑　そのとおりですね。教科書として与えられたものはおもしろくないのと同じことで、リストとして与えるということにはたしてどういう意味があるのか。自分自身の経験からいっても、それよりは友だちにこういうのがいいよねと言われて、自分が読んでなくても読んだような顔をしておいて、家に帰ってからこっそり読むとかね。本にぶつかっていくというのはそういうことじゃないかなと思うんです。ただ、普通のブックガイドではなくて、東大の教養学部にいる人間が、自分はこういうものだと思っているんだということをぶつけてみるというのはおもしろいだろうと思いました。

教養をどう考えるかというのはそれとかかわって、自分の場所をどこに見出すかという、その手がかりが教養だと思うんですね。生きている一人の人間としてこの社会、世界、宇宙のなかに、また歴史という時間的な流れのなかにあるわけだけれども、そのなかでの自分自身の在りかを定めるということ。学生の場合は、自分がやっている学問が自分をどういう場所に導いていくのか、自分の場所がどこにあるのかと考え、確かめる手がかりになるようなものが教養じゃないかと思うんですね。

小林　権威で押しつけてこれを読めというのではなく、こっちにはしゃいだ気持ちがあって、「これおもしろいから読むといいよ」と、この部分がないとこの企画は成立しないと編者としては思っていますが、同じ編者の山本先生はいかがですか。

山本　東大の学生生活実態調査というのがあって、そこに「何が悩みか」という項目があるわけです。われわれが学生のころの六〇年代とか七〇年代は「人生の意味」とか「自我の確立」という言葉が並んでいたわけですよね。多分、われわれはそういう文化のなかで本を探したり、本に出会っていたんだろうと思うんですけど、今の人たちの悩みは就職とか卒業とか、それからあんまり異性関係はなくて、むしろ友人関係なんですよ。みんな考えていることが等身大になっている。東大生でも就職不安をもっていたり、進学振り分けの不安とか、生きることの不安が彼らなりにある。そこにそういうことを考えるんじゃなくて教養を持ちなさいといったって、「私たちは自分の将来の生活を考えることで精いっぱいなんです」ということになるわけです。そこで教養とはもっと身近なものだよとどう言えるか、今の大多数の若い人と教養学部をどうつなげられるかと。

よく生きる

小林　そういう問いを出されて、お答えはどういうことになるんでしょうか。

山本　市民的エリートという言葉が東大憲章に書いてありますが、エリートなら一生懸命生きているだけじゃだめ、何かそこにプラスがないとだめということでしょうか。よく生きるということは周りの人たちを幸せにし、自分を幸せにするから、それに向かって自分は何かを達していかなきゃいけないと。

ですから、教養って何ですかといわれたら、私は「あなたがよく生きようとすることです」とよく大学院生に言います。大学院生は電車の吊り革につかまっているときも考えてなきゃいけない。トイレに座っているときも、自分がリスペクタブルであるかどうかを考えているのが大学院生だと。それは学部生も同じことで、よく生きようとしているかといつも自分をみつめていることかなと思います。ではよく生きるってどういうことかというときに、いろんな本に出会う。ガンジーに出会うとか、クンデラに出会うとか。

小林　「よく生きる」というのは意味に還元できるんですか。たとえばお百姓さんがよいトマトをつくってよいお百姓さんとして生きる、というのとどう同じで、どう違うんでしょう?

山本　私がいつも冬に買うシクラメンがあるんですよ。これをつくっている人は農林大臣賞を毎年もらう方で、毎年三〇〇個くらいしか出荷しない。それはよいシクラメンで、値段も高い。だけど、その人がどれだけの思いをこめてそのシクラメンを育てたかということがわかるし、そのよさというものもわかる。花屋さんもこのシクラメンがどうしていいのかということがちゃんと説明できる。そのシクラメンをつくっている人も、よいシクラメンというのはどういうことなんだろうかというふうに考えてつくっている。それはその人の一つの生き方で、尊敬される生き方になってると思うのね。それは意味というよりは、そこに人を引きつけてしまう力みたいなものですよ。

小林　でも、その力はあらかじめあるというよりも、シクラメンの花のように、自分を育てようと決意をするかどうかにかかってますね。単に与えられた状態で生きているのではなくてね。教養というのはもともと精神形成ですから、まさにカルチャーですね。自分を耕す気があるのか、耕してよい自分を育てようとするのか。

山本　その人は自分が納得できる花、人に喜びを与える花をつくりたいと。まず、自分がシクラメンを人よりも愛していなくてはいけないわけだから、自分とシクラメンのかかわりを深めていく。これは人間関係でも同じで、人とのかかわりを深めていこうとか、どうやったらかかわっていけるかと考える。たとえば自分は高齢者とか障害者の人とどうかかわっていけるだろうと考え、年を取るということについて考えを深めていく。自分を開いていく。そういう営みのなかにあるんじゃないかと思っているんです。

小林　よく生きるということは、自分をよくしようという意志を持つことです。自分を完成させようとか、自分をもう少しよくしようとか、そういう力が人間にあることが実は自由だと思うんですよ。自由がなければ教養というのは多分いらない。「教養」という概念がいつ生まれたかというと、おそらく封建制が解体して、一人ひとりの個人が「自由に」生きることが許されるようになったときからだと思うんですね。その自由を「よりよく生きること」に用いなさいと。それが教養の根源だということですね。

　しかし同時に、一番最初におっしゃったように、今の学生は自分が自由だと感じられなくなっているのかもしれない。自由というよりも、まずすでに与えられてしまっているコースのなかのどこに入るかが一番重大な生存競争の関心事になっていて、「よりよく」なんていう問題は立たない。どこにどうやってもぐり込むかが、私たちの生存のすべてなんですと言われたら、どういうふうに答えるんですか。

山本　さっき浅島先生が佐々木総長の話をおっしゃったけど、自分よりすごいやつに出会ってびっくりすることってありますよね。その人に引き込まれるというか、自分はもっとプラスが必要なんじゃないかとか、そういうショックに出会うというところから教養が始まる。大学は人と人が直に出会う場所で、自分を刺激していくものがある。そういう出会いはeラーニングでとって代わることのできないものだよね。

木畑　よく生きるためには、やっぱりよく生きたいという基本的な姿勢がなければだめですよね。小林さんは自由という話をしたけれども、今の学生はたとえば就職なら就職でも、定職にはつかないでフリーターとか、最近はニートという人も増えてきている。彼らは一見自由なようだけども、実は自由でなくて、そこに自分を囲い込もうとしているようなところがあってね。また自由だということは必ずしもよく生きることにはつながらなくて、問題はありうる可能性をどこまで追求していくかということだと思うんですね。可能性を追求していくためには、それが見えてこないとだめですよね。自分が持っている枠なり世界が相対化されて、ほかにも何か可能性があるものが入ってくるかどうか。教養を語るときには、そこのところが重要なんじゃないかという気がするんですね。「よく生きる」という表現は、それはそれとしてわかるんだけれどもその中味が問題になる。

小林　その場合、何かモデルが必要なのでしょうか。つまりモデルがあって、それに比べると私はよく生きてないなと、なるのか。それでもモデル抜きで自発的に「よく生きる」ということが考えられるのかどうか。

他者とのコミュニケーション

浅島　僕はドイツの大学に勤めていたのですが、そこでは週末になると同僚が集まって話をするんですよ。僕の専門は生命科学だけど、日本の文化とは何かとか、神道と仏教はどう違うかとか、三島由紀夫の文学はどうで川端康成はどうかとか、いろんなことを聞いてくるわけですね。彼らはものすごく知りたがってる。そのときに答えられないと僕のアイデンティティーはないわけです。専門以外のことを幅広くすることによって彼らと対話ができる。いわゆる教養がないと彼らとの会話が成り立たない。これを僕は非常に痛切に感じました。たとえば武士道とは何かとか、「葉隠れ」とは何かと聞かれます。私も「葉隠れ」くらいは知っていて、それは佐賀のこういうものだと言うと、ではどこから出てきたのかとか、追求してくるわけですよ。そういうときに彼らが本当に知りたいことをわれわれは伝えられるかどうか。これは生命科学と関係ないんですけども、このような対話を通じてはじめて彼らは対等につき合ってくれる。逆に私も、ドイツでいえばハイデッガー、オットー・ハーン、ワイツゼッカーといった、僕らにはまったく関係ない分野のことを学ぶようになる。そこで本当の意味でお互いのコミュニケーションができる。いい意味でのコミュニケーションの素材を持ち寄ってお互いが高めあっていけることが僕は教養の一つの例だと思うんですね。

小林　山本さんの話はまず自分にとってよりよく生きると。今の浅島さんのお話はそのことが同時に他者とのコミュニケーションにはね返ってきて、他者にとって自分がどう見えるか、どうコミュニケーションできるかというときに教養が生きてくると。そういうお話だったと思うんですけど、佐藤先生いかがですか。

佐藤　浅島先生のいわれることは外国にいるとしばしば感じることで、昼食は必ずグループでするわけですね。もちろん、教養というのはそんな会話の道具とか人に対するインタフェースの問題以上に、人がよく生きるといったときに、けっして一つの答えではないということが大事だと思います。私はそれを自分でバランスよくデザインできる能力だと思うんです。人間の生き方はこれが絶対ということはないわけで、ウェートの置き方が多様ななかで、自分の生き方が自然に身につくことで尊敬されるんだと思うんですよね。人生経験という言葉があるように、そのなかで学んできて、全体のバランスのデザインができるようになってくることだと思うんですね。

小林　「デザイン」というのは非常におもしろい言葉だと思います。山本さんの言葉につなげれば、「よく生きる」ということは自分に対してデザインできるということになる。なにか一つの解答があるんじゃなくて、自分なりに自分をデザインすることを通して自由を行使する力。それを通して自分をつくり、他者ともまじわる。そういう力を教養の力と考えたい。教養はそういうふうに自分を形成する力なのだと。そのためには宇宙や生命という流れのなかでの人間の位置を考えなければならない、というお話が先にと出たと思うんです。

自然科学のもたらしたもの——宇宙

小林　今までの大正教養主義的な教養はあまりにも近代的な自意識に見合った形でした。そこでは教養には必ずしも理科系のことが入ってこなくて、すべて人間の意識を中心に考えられていた。その時代から今の時代の間に知の領域ではすごく大きな変化がありました。人間の意識はそんなに変わっていないかもしれませんが、少なくとも自然科学は人間の位置をショッキングなまでに決定的に明らかにしてしまった。二一世紀の教養の一つの課題は、この自然科学的な知見を教養のなかにどう織り込めるかだと思います。自然科学を専攻する者だけが自然科学を勉強していればいいのか。はたして文科系にも通じるような教養という考え方が自然科学にもあるのか。そのことを考えてみたいと思います。

　佐藤先生、宇宙は古代から哲学者にとっても、謎であり思考の対象でした。しかし今や哲学者が悩んでいた、たとえば宇宙のはじまりという矛盾に満ちた限界の問題を物理学者が解いてしまうというようなことにもなってます。とりわけ、これは聞きかじりの域を出ませんけど、今物理学者の間では一体この宇宙は人間のためにつくられているのかどうか、ということが重大な問題として議論されていると聞いています。私はそれを宇宙が単なる自然科学の対象じゃなくて、人間にとっての根源的な意味の

【宇宙をよむ——佐藤勝彦がすすめる本】

J・D・バロー『宇宙のたくらみ』（みすず書房）

ローレンス・M・クラウス『コスモス・オデッセイ——酸素原子が語る宇宙の物語』（紀伊國屋書店）

場になるような時代になってきたのかなあと感じたりするんですが、そのあたりをお話いただけますか。本をあげながらお話いただくとありがたいと思います。

佐藤　そうですね。「価値」という概念はまだ自然科学にはないですね。人間の価値とか、そういうものはないですね。だけど、その位置をわれわれはかつてよりはよく理解できるようになってきたかなと思いますね。小林さんが今お話されたのは人間原理の宇宙論ですけど、私たち物理学者にとってみれば、この世界はどんなものなのか、時間と空間のなかで宇宙はどういうふうな構造を持っているのか。もっとはっきりいえば、何が時間なのか、何が空間なのか。時空というものすらわれわれは知らなかった。カントの時代でいえば、時間や空間というのは与えられたア・プリオリな枠組みであった。

ところが、時間と空間と物質はすべて一体である、というようなこともわかってきたわけですよね。そのなかで、その世界があるとして、ではそれを支配している法則は何なのか。いろいろ現象があるごとに法則をつくってきたのを、より普遍的な法則にまとめあげていくということが物理学の課題になってきた。究極に最後は一つの統一理論をつくり上げて、一つの法則のもとに森羅万象すべて記述できるような根本理論があるんじゃないかということで、今はそれに向かっているわけですよね。それはたとえばある種の方程式で解けるんだろうかと。そのなかに何かの数値、定数があるとするならば、その定数というのは一種類なのか、二種類なのか。それでこの世界は

佐藤勝彦『宇宙「96％の謎」――最新宇宙学が描く宇宙の真の姿』（実業之日本社）

スティーヴン・ホーキング『ホーキング、未来を語る［普及版］』（アーティストハウス）

記述できるのか、ということが課題になってくるわけですね。

いろんな物理学の法則、四つの法則といっているけど、一つになったときにそのなかには定数って幾らあるんだろうかと。それによってこの世界の運動が全部決まるということですね。昔、ハイゼンベルグという学者が宇宙方程式なんて提唱しまして、これを解けば森羅万象全部わかるようになるんだということをちょっといいかけました。それは今の統一理論の立場とは違いますけど、何も定数がないような理論は無理なので、やっぱり何種類かあるんですよね。それのもとにこの世界は動いているんだと。

そうなると、じゃ定数が違う宇宙だってあっていいんじゃないかと。物理法則にあらわれる数値だとか、物理法則そのものでもいいですよね。われわれは電気の法則でもっている。われわれは電気仕掛けの機械であることは明らかですよね。脳であろうと、体であろうと、明らかに電気仕掛けの機械です。だけど、たとえば電気の量、電気素量が違うような世界があったら、それは違った世界になる。そこで生命ができるかできないか、ということになるわけですよね。そうすると、違う世界ではどうなっているのか。違う種類の生物の存在というのがあって、また知的生命体が生まれないのか。あつかましくもわれわれ人間は知的生命系だと思ってるから、知的生命体が生まれない宇宙というのは認識されない。いろいろな宇宙があってもいいのかもわからない。

フリーマン・ダイソン『多様化世界——生命と技術と政治』（みすず書房）

J・D・バロウ『宇宙に法則はあるのか』（青土社）

現在、マルチバースという言葉でいってますけれども、私も「宇宙は無限にできる」なんて変な理論をつくっておりますが、人間原理はけっして神がかった考え方ではなく、知的生命体が生まれる宇宙のみ認識される、という立場なんです。ところが、結果的には人間がいる宇宙しかないように見えるから、人間のために宇宙がつくられたというふうに見えたりもするけれども、それは間違った人間原理の考え方で、ただ単に認識能力のある知的生命体が生まれる宇宙のみが認識されている。だから、現在の宇宙のいろんな量はあたかも人間をつくるようにデザインしたかのように、物理の定数だとか、そういうのが決まっている。それは神さまが選んだんじゃなくて、われわれが存在することによってその数値がある宇宙が認識されただけのことなんですよね。今のようなことは人間ということを考えるときに、一つの理解にはなると思うんですけど、もちろんあしたの飯を食うのに何の役にもたちませんけれども（笑）、そういう存在だと思う。私は宇宙論のなかではかなり普遍的根幹になってると思ってますけどね。

小林　非常に微妙な人間主義原理みたいなものをお認めになると同時に、そんなに神秘化しなくてもいいよと、そういうお話ですよね。

佐藤　そうです。これは純粋に確率の問題なんですよね。われわれはそういう存在なんだと。あつかましくも人間だけが知的生命体じゃないみたいな言い方をしましたけど、実は違った宇宙で変な生命体が同じことをいってまして、おれの住んでる宇宙だ

ブライアン・グリーン『エレガントな宇宙――超ひも理論がすべてを解明する』（草思社）

C・ストリンガー、R・マッキー『出アフリカ記　人類の起源』（岩波書店）

けが認識されてるといってるかもわかんないんだと。

驚き・美・感動

小林　宇宙の歴史ほど長い時空を扱ってるダイナミックな小説はないわけですよね。逆にいえば、これほどのロマンはないと言えると思うんです。物理的宇宙のあれだけの森羅万象が四つの方程式といくつかの数値で書かれてしまうというのはすごいことですよね。しかも、ものすごくきれいな形でね。あんなに単純な法則でこれだけの現象全部を説明できる。これは美だと言ってもいいし、驚きと言ってもいいと。

佐藤　そうなんです。その感動を理科系の人はもちろん、文科系の人にも伝えたいですね。

小林　これがよく生きることに役立つかどうかわからないんですけど（笑）、少なくとも学問の最も根底にある驚きの感覚こそ大事ですね。どれだけ物理の知識や生命科学論の知識を持っていても、この感動を共有してなかったら、これは教養じゃないと思うんですけど、どうでしょうか。

佐藤　そうですよね。われわれの住んでる世界というのは、きわめて論理的な首尾一貫した法則に従ってるんですよね。単なる神さまの思いつきで世の中動いてるんじゃないんだと、確固とした法則で動いてるんだという、これを文科系の人も含めて認識することが必要だと思います。

V・S・ジョンストン『人はなぜ感じるのか？』（日経BP社）

C・セーガン、A・ドルーヤン『はるかな記憶――人類に刻まれた進化の歩み』上・下（朝日文庫）

小林　私はそれを美と言ってしまいますけど、どうでしょうか。

佐藤　本当にそうですよ。

小林　なんでこんなに美しいのか。自然的な世界というのは、これだけわずかな、しかもこんなにきれいな数式で表現できるということを、難しい数学はわからなくても読めるようなものをご推薦いただきたいと思うんですけど。

佐藤　一つはJ・D・バローの『宇宙のたくらみ』。彼は私の友だちですけども、最近、いま先生がおっしゃったような自然界の法則と人間の関係を広い視野で発言してるんですね。現在はケンブリッジに戻ってきて教授になってます。訳本のタイトルは『宇宙のたくらみ』となってますけど、もともとのタイトルは“Artful Universe”なんですよ。つまり、われわれはなぜこの法則だとか自然界を美しく思うんだろうか、ということですよね。J・D・バローは彼流の進化心理学で、なぜ物理法則を人が美しく思うのか、みごとに説明しています。物理学科に入った学生は全員「一般相対性理論」を勉強すべきだと思うんだけど、これほど美しい法則はないんですよね。ニュートン力学の美しさを超える美しさがありますからね。だけど、物理学科の学生でも「一般相対性理論」は選択科目なんですよ。物理学科を卒業したといっても、時間と空間の本質を学ばずに物理学科を卒業できるんですよ。悲しいですけど、時間や空間が何であるかを知らない物理学生をどんどん送り出してるんです。

小林　私が美にこだわるのは、何がよい生き方なのかと問うていくと、最終的には何か人間のロジックでは説明しきれない「美しさ」と言うしかない、ある調和への憧れのようなものがないと、どんな教養も単なる知識の集積になってしまうんじゃないかとおそれるからです。何も芸術だけが美じゃないので。美は宇宙の非常に深い何かの現れだ、という感覚を少なくとも東京大学の教養には要求したいですね。これがなければ学問は成立しないという気がするんですけど。

自然科学のもたらしたもの――生命

浅島　僕もそう思う。佐藤先生は宇宙の美ということをいいましたけれども、個々の生物もものすごく美しいんです。たとえばハンミョウという昆虫はきれいな色を持っていて美しい。そのようなそれぞれ美しいものがあるわけですけれども、じゃそこに統一的なものがあるか。今、外国の大学では生命科学は必須科目になっているところが多い。なぜかといえば、宇宙と同じように生命にも基本原理が見えてきたんです。それは遺伝子ですが、それはたった四文字しかない。四文字でもってこれだけ複雑なものをつくっているわけですね。するとそれは一体何か、ということになるわけですね。分子が細かくなれば細かくなるほど、超極細美なんです。分子がきれいに配列されて、きれいに動いていく。それをプログラムとするならば、それはどの生物でも比較的同じなんです。今までは人間を一番中心に置いていたけれども、他の生物の立場に立ってみると、実は人間というのは案外弱い。弱さを持ってる。そういう弱さを持ってるということを知ることが、また人間の英知でもあるんですけど。たとえば昔は人間はこれだけ複雑だから人間の遺伝子は二〇万くらいあるといわれていたわけです。だけど、だんだん一二万になり、八万になり、三万になり、ようやくわかったら、たった二万三〇〇〇しかない。それだけしかないものがこれだけ複雑なものをつくり出したんですね。だけど、細胞あたりの遺伝子だけでいえば、人間の遺伝子はサンショウウオとかイモリの一〇分の一なんですよ。

小林　イモリより少ないんですか。イモリに負けたね。(笑)

浅島　ですから、自分たちがすべての中心だと思っていたのが、わかってみると他の生物もすべてのものを持ってる。いや、われわれが見えない世界もあるわけですね。たとえば蝶の世界は紫外線の世界です。今、われわれはゲノムならゲノムが大きな課題になってるけれど、じゃそこから先何をするかということが今問われているんです。そこで生命科学を知らないと、われわれ自身が自分たちを危うくしてしまう。他の生物との共存共栄を考えたときに、人間は何をプリンシプルにするか。単なる豊かさだけを求めたり、快適さだけを求めたときには、人間をだんだん弱くしてしまう。これは自分の破滅なんですよ。そういうことも含めてわれわれは本当にどうすればいいかということが、今まさに生命科学に問われているわけです。ダーウィンが『進化論』によって生物の歩いてきた道を示すことによって、人間の位置を変えたわけですね。それからシュペーマンという人が出てくるまで、ヒトならヒト、昆虫なら昆虫と卵や精子の時に形が決まっていると約二〇〇〇年もみんな信じていたわけですよ。ところが、二〇世紀前半頃になったら、形はプログラムによって順々にできてくるということになった。生物はいろいろなプログラムを持っていて、ちょうど音楽にさまざまな楽譜があるのと同じように、どれがいいとか悪いということはいえない。ヒトはこういうプログラムを持っているだけで、ほかのプログラムが悪いということはいえない。ほかのだって響きがいい。それをわれわれが美しいと感じられるかどうかだと。それはわれわれよりも長い歴史を持ったプログラムで、われわれの場合は非常に短縮されたプログラムなんですよ。

小林　われわれのは短縮されてるんですか。

浅島　そうです。他の生物と異った調節能力はもっていますが、元になる遺伝子が少ないんだもの。

佐藤　それは種の違いをプログラムという言い方でいってるんですか。

浅島　ええ。あるいは歴史というものでみれば、先ほど佐藤先生が宇宙の歴史ということを言いましたね。生命の誕生を四六億年として、それを一日二四時間にすれば、ヒトが人類として出現したのは夜中の十一時五九分三〇秒で、たった三〇秒分でしかないわけですよ。三〇秒しかない歴史のヒトたちが他の生物を学ぶということをしないと……。そしてそれらの生物は本当に美を持っているんですよ。

小林　遺伝子が短縮されたというのは、人間はいろんなものがたくさんあったのをそぎおとしてきて、ここにたどり着いたということですね。進化は増やすのじゃなくて、むだなものを減らしてきたと。

浅島　一時期は増やす方向にいってたわけですけど、ある時期から減り始めた。水中にいたときはぽかぽか浮いていればいいわけですが、陸上に上がると自分で体にかかる重力を支えなきゃならん。またえさを捕るために飛び回っていますから体が小さくなる。そういうことをするために少し遺伝子を加えなきゃならない。加えてしまったあと、今度はいらないものを捨て始めたと。

小林　つまり人間は環境に適応することによって必要でなくなった遺伝子を処分してきてるということですか。

浅島　別の新しいシステムを加えていますが、ある意味でいえばそうですね。自分たちに必要なものだけを残してきたと。一つは脳という考える力のところと、視覚だけを非常に発達させたけれども、運動能力にしたって聴覚にしたって、味覚にしたってそぎおとしてきたわけですよ。

佐藤　進化の歴史上、いつ最大になるんですか。遺伝子が最もたくさんあるのは。

浅島　動物ではイモリなんですよ。

小林　イモリが最大の遺伝情報を持ってる。

浅島　そのあと鳥や哺乳類は、細胞あたりのＤＮＡは著しく少なくなるんですよ。

小林　先生のイモリの研究にはそういう意味があったんですね。

浅島　ええ、そうです。動物では細胞あたりのＤＮＡ量はイモリの仲間が一番大きいわけですよ。だから、足を切っても生えてくるし、水陸両方で生きていけるわけですよ。

小林　われわれはもう再生能力を失ってしまったと。なるほど。

浅島　だから、彼らに学べばわれわれだっていつかは手を切ったって治るかもしれない。

小林　佐藤先生がおっしゃった物理学的な世界というのは、私は微分方程式の世界といってるんですけど、やっぱり数値による解析が非常に単純な形でできる世界で、この単純さに驚くことがすごく大事なことだと思うんですね。ところが、今浅島先生がおっしゃった生命の次元で特徴的なのは、プログラムということ、それから情報ということですね。遺伝子は四つの文字で書ける。つまり、数値じゃなくて非連続な文字になってる。これは同じ自然科学といっても言語の大きな違いを要求すると思うんです。佐藤先生のほうから見て、この生命の世界はどういうふうにご覧になりますか。

佐藤　基本法則は単純なわけだけど、その現れ方は複雑系の問題ですよね。数理的な性質というのは、実はあとに豊かな構造をどんどんつくれるんですよね。物理法則というのは織物でいえば縦糸なんですよ。縦糸を見てると実は横糸を通して、その数理の現れ方としては実に多様な現象が現れるような性質になってるんですよね。不思議なことに、これだけの単純な四本で実に多様な現象が出てくるわけですよね。生命はその究極だと。

浅島　僕は四つの文字ということを言ったけども、さらにアミノ酸だって二〇種類しかないんですよ。二〇のアミノ酸でこれだけ違ったたんぱく質をつくって、ありとあらゆるものに対応してるわけですね。そういうふうに見ると、生物の持つ規則性ものすごく美しいものだと。

小林　生物の世界も物理学のように非常に基本的なものから多様な世界が生まれるということが、前世紀ではじめて見えてきたわけですよね。私もつい最近、ベルリンに行く飛行機の中でドーキンスの『盲目の時計職人』(早川書房、二〇〇四年)をずっと読んでいましたが、同じように宇宙も生命も進化する。この二つの大きな進化の流れを今われわれは自覚できるようになってきた。そこで浅島先生が、自覚すべきは人間の持ってる弱さだというふうにおっしゃったのが非常に印象的ですね。

浅島　すべてを人間中心で考えてたけども、もう少し他のものを見るということが必要な時代になってきたということですね。つまり、人間だけを見るんじゃなくて、ほかのものも見ないと……。

山本　でも、わかってても捨てなきゃいけないものもあるわけですね。そこが難しい。

浅島　そうそう。何を捨てるかということが、むしろこれから重要になってくる。これだけの情報社会のなかで、捨てるもの、残すもの、つくるものをどうプログラムあるいはデザインするか、これが今問われてきてるんだろうと思うんです。

木畑　佐藤先生と浅島先生の話を私なりにまとめると、やっぱり人間はもっと謙虚にならなきゃならないということでしょう。宇宙の前での謙虚さ、幅広い生命のなかでの謙虚さ。だけど、そのなかで人間の持ってる大きさがやっぱりあると思うんです。人間の知が広い宇宙からミクロの世界の細胞のところまでいくなかで、あらためて人間の大きさを見出していくことが必要なんだろうと思うんですね。

しかし、そういう人間は一人では生きられない。社会のなかで、他の人間とのかかわりのなかで生きている。また、人間とのかかわりのなかでも、それぞれの人間は謙虚さがあってはじめていかによく生きるかと問うことができる。それにはやはり社会あるいは世界のなかで自分たちの持ってる位置を定めていくということが非常に重要です。それが教養ということになるんだろうと思うんですね。人それぞれが歴史を持っている。それから人が築いている社会というものが歴史を持っている。それぞれの世界のなかでどういうふうに位置づけていくか、歴史的なパースペクティヴを考えてみるということですね。

小林　そうすると宇宙の進化があって、生命の進化があって、十一時五九分三〇秒でしたか――そこから人間の歴史が始まるとして、「人間」をどう定義できるかと考えると、それはやはり言語だと思うんです。つまり生命の自然の内的なプログラムに対して人工的な外部情報、外部記憶を持った。たとえばアルファベットでいえば、ちょうどアミノ酸くらいの数で森羅万象ほとんど全部、さらには現象を超えたものまで、記述できるというシステムを外部に持つことによって、人間は歴史の空間をつくったと思うんですね。だから、人間の位置を考えていくときに、物理的世界のなかでの位置、生命論的な位置、人間の歴史のなかの位置という、この三つの層はどうしても踏まえなければならない。そして教養とはその歴史の継承にかかわることではないかなと思います。

自然科学のバックグラウンド——楽しい格闘

小林　さっき佐藤先生が『宇宙のたくらみ』という本をあげてくださったんですけど、浅島先生、生命の歴史ということで、ぜひこれを読んでほしいというご推薦の本がありましたら紹介していただけますか？

浅島　『種の起原』をもう一度現代的に読み直してみると、ダーウィンという人がいかに物事をよく見て、いろんな知識を網羅し、社会的にも文化的にもいろいろなものの見方をしているかがわかります。ですから、これはぜひ一度古典として読んでもらうといいんじゃないかなと思うんですね。

小林　なるほど。私は原典を読まずして、ドーキンスを読んだんですが、あれもまさにダーウィンの『進化論』の発展形ですよね。

浅島　きょうはドーキンスの本を二つ持ってきたんです。一つは『虹の解体』。これは物理から生物を見ようとするのですが、なかなかおもしろい。ニュートンがプリズ

【生命をよむ——浅島誠がすすめる本】

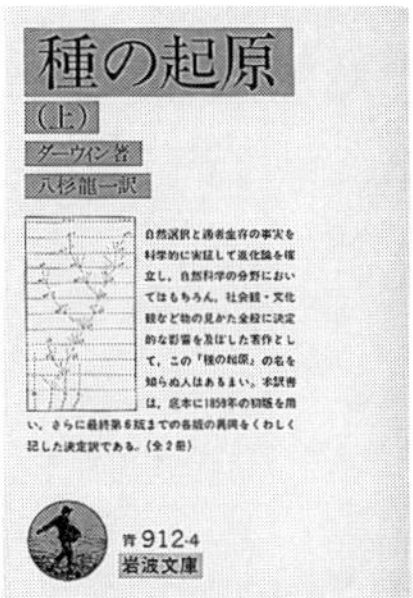

ダーウィン『種の起原』上・下（岩波文庫）

ムで美しい虹をつくってしまったために、当時のロマン主義の人たちはニュートンは「美」という概念を壊してしまった、と非常に非難したわけですよ。ところがよく見ると、そのなかにもう一つ新しい美が発見された。それが自然科学のなかでは普遍性を持つものだと。科学とは美の追求、原理の追求、歴史の追求なんですね。自然科学というものはある面ではときどき夢を壊すように見えるけども、実は新しい夢と驚きをつくってる。科学というのは夢と驚きを与える。そういう本だと思うんです。

小林　ドーキンスってうまいですよね。自然科学者がこれだけの文章力と、まさに教養、つまり単に専門知識じゃないこれだけの洞察力を働かせているというのはただごとではないと思うんですけど。こういうものってやはりイギリスから出てきますよね。なぜイギリスにはそういうセンスがあるんだろう?

浅島　僕はあるときイギリスの人の家に行ったのですが、古い本がたくさんあるわけです。書物があって常に手に取って見るということが起こるわけですね。おじいさんが集めた本があるし、お母さんが集めた本がある。いろんな本があって、思索できる時間と空間があるんですよ。

木畑　それは同時に階級があるということですよね。私はイギリスが専門で、大学としてはロンドン大学なんだけど、オックスフォードとかケンブリッジでも若干その端っこに触れたことがあって、さっき浅島先生がいわれたように食事のときでもいわば知的な格闘をしながら食事をする、という雰囲気がある。どうしてもいろいろな幅広

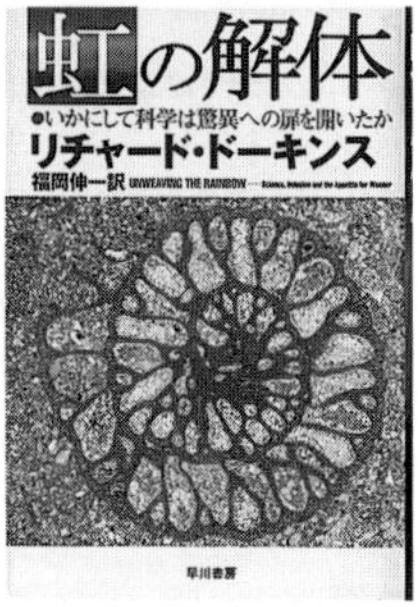

リチャード・ドーキンス『虹の解体——いかにして科学は驚異への扉を開いたか』（早川書房）

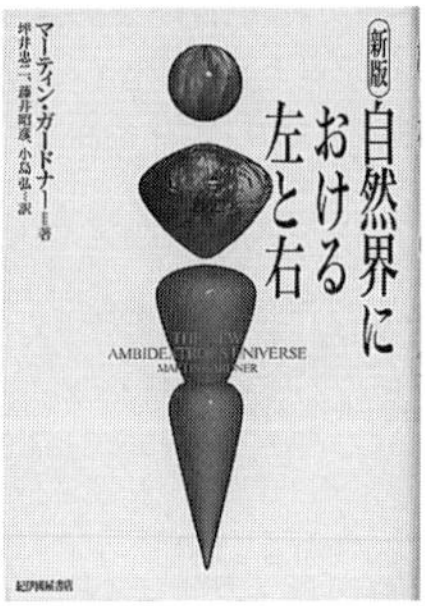

マーティン・ガードナー『新版　自然界における左と右』（紀伊國屋書店）

いものを蓄積していなければそういう格闘に勝てないというか、生き延びていけない。そういう雰囲気があるんですね。これは大学という限られた世界であるかもしれないけど。

佐藤　私はホーキングの本なんかも訳したことがありますけれども、彼の家庭でよく話題になってるのは神学論争とか、まったく役に立たないような議論をやってるわけです。彼は神の存在なんてまったく信じていないけれども、神がいたとしたらどうなるかとか、やっぱり知の世界を楽しんでるんですよね。このバローという人もまさに知の世界を楽しんでるんですよね。

小林　先ほど美ということをいいましたけど、美に対する驚きの心と同時に知の世界の楽しさがなければね。

木畑　格闘といったけど、格闘するときに別に苦しんでるんじゃなくて、とにかく楽しんで格闘してるんですよね。

浅島　知あるいは文化を得ることが楽しくてしょうがないんですよ。『ヘラクレイトスの火』を書いたシャルガフという人はいろんな文化を知ってます。ラテン語が出てきて、ギリシア語が出てきて、歴史的な問題も文化の問題もいろんなものが出てくるんですよ。そういうことをやってる人が生命の最も根源なところにたどり着くわけですね。そして生命科学において二〇世紀最大の発見のワトソンとクリックの二重らせんにつながるわけですけど、彼はその基礎原理を見つけて、四つの文字が対になって

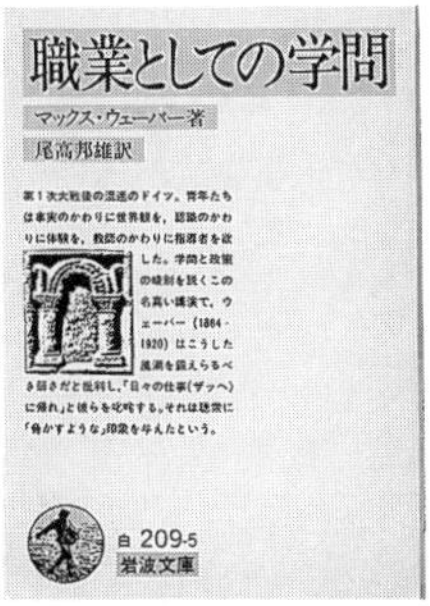

マックス・ウェーバー『職業としての学問』（岩波文庫）

和辻哲郎『古寺巡礼』（岩波文庫）

るところを見つけるわけです。シャルガフは本当に科学的センスがいいんですね。あれだけの知識を持ってるから、ずばりと本質を突いていける。

小林　それは非常に重要なことだと思うんですね。理科系の学問も一流の仕事というか、最もブレークスルーできる力は、やっぱり深い言語能力を持っていないと持てない。データと実験だけやってればペーパーはいくらでも書けるでしょうけど、自然科学の世界でもそれはすごく危ないことだと思いますね。自然科学はどんどん教えることが増えていて、膨大なカリキュラムを組まなくちゃいけない。それは分かります。しかし本当の意味で衝撃を与えるような発見は、やっぱり深い人間的な文化的な裏づけがなければ出てこない、ということを東京大学教養学部ははっきり言うべきだと思いますね。

浅島　教養学部で学ぶべきことは、幅広くいろんなことが考えられて、いろいろな束縛から離れて、学問の自由、知識の自由、個人の自由をもう一度かみしめてみる。リベラル・アーツ精神と自由の重要さの実体験の場だと思うんですよね。

言語能力としての教養

小林　佐藤先生のおっしゃったホーキング家の神学論争でも、浅島先生のドイツ経験でも、今木畑先生がおっしゃったような日常茶飯事で行われているディナーの格闘技にしても、やはり言語を使って自分の意見を言い、他人の意見を聞くことが土壌とし

ジェームス・D・ワトソン『二重らせん』（講談社文庫）

エブリン・フォックス・ケラー『動く遺伝子――トウモロコシとノーベル賞』（晶文社）

てあってはじめてこんな本が生まれてくる。自然科学もそういうものだと思うんですよ。単に方程式だけを学べばいいわけではなくて、人と対話をして、文化について語るなかに自然科学の世界もある。逆にいえば、自然つまり宇宙、生命、人間があると同時に、人間のなかにその自然科学もあると。この両方の構造を実感的に往復できる人が、本当の意味で教養がある人じゃないかな。

木畑　それに関連して外国語をどう位置づけていくかということもありますね。まさに今小林さんがいわれたように一つの武器として言語というものが意味合いを持ってくるわけですが、その意味合いは外国語を学ぶことによってよりはっきりしてくる。教養と外国語の関係を考える場合、外国語を通して異文化を知るという面はもちろん重要なのだけれど、そうした言語の力というものを知る意味も大きいし、それはまた日本語の使い方にも戻ってくると思います。

小林　そしてその言語の力を本当に身につけるには、やはり本じゃなくちゃだめだ、ということを私は強調したいですね。今の環境は、情報ならたちどころにイメージも音も手に入るけど、そこではすべてが分断されたものになってる。ほんとうの言語能力のためには本が大事だということを言ってあげたいです。

山本　テレビとかインターネットというディスプレー様のものに対して、新聞なんて次の日の朝にしかこないでしょ。だけど、私はディスプレー上の文字ではなくて、手に取る文字は考えるメディアだといってるわけです。人間というのは字を書いたり、

エドワード・O・ウィルソン『生命の多様性』上・下（岩波現代文庫）

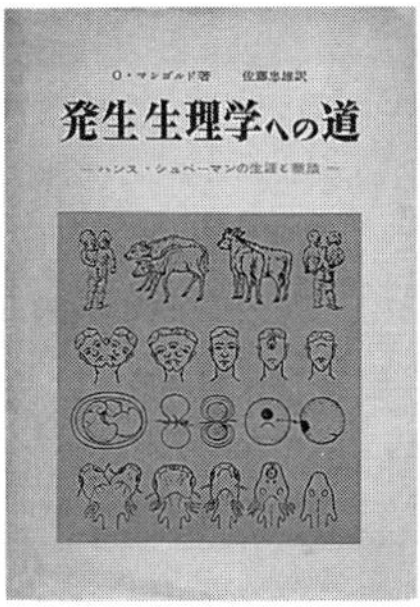

O・マンゴルド『発生生理学への道――ハンス・シュペーマンの生涯と業績』（法政大学出版局）

絵を描いたりして、そこで対話をしているんですね。だけど、東大生でも、下宿してる人の三人に二人は新聞を読んでないんですよ。考える習慣の衰えは文字に触れていないということとすごく関係ありますよね。

本でなくてはいけない理由

小林　ビジュアルな情報はあっという間に感覚に入る。脳は瞬時のうちにそれを享受することができるわけですけど、文字言語はイメージとは違って、すぐには像が結ばれない。イマジネーションを働かして自分で像をつくり上げなくちゃいけないわけです。実はこれがすごく重要です。効率という意味では非常に悪い。文字から像までには時間的なラグがあって、そこで考えたり想像しないといけない。これはわずかな時間なんですけど、ずれているその間に自分の脳が想像力と思考力を働かせる。そこではじめて言語の運用能力が出てくる。本じゃなくちゃいけない最大の理由がそこにある。それは本以外に考えられません。本はある意味では時代おくれの遅いメディアなんだけど、その遅さのなかに途方もなく重要な精神の形成力がある。

　だから、本を読まないといつまでたっても自分のなかに思考や想像力が育っていかない。最終的には想像する、思考することができなくなる。この二つの重要な能力を失えば、まさに人間は弱体化するので、私はこのまどろっこしさに耐えてもらいたいんですよ。感覚できないものを感覚しようと努力し、よくわからないものを理解しよ

金子邦彦『生命とは何か［複雑系生命論序説］』（東京大学出版会）

E・シャルガフ『ヘラクレイトスの火』（岩波同時代ライブラリー）

うとして文脈を自分で構成する。この文脈を自分で構成することが、多分知的能力の最大の訓練だと思います。

木畑　確かにそうで、本というのは一つの固まりなんですよね。画面で流れるものではない。今小林さんがいったように、そこでの言語をどう読み解いていくかということが求められる。それから固まりとしての本は前にも行けるし、後ろにも行ける。その自由さがあるわけですね。それは画面をスクロールするのとはまったく違う自由さでしょう。自分の頭の働きに応じて前にも戻ることができれば、後ろに行くこともできる。そういう物理的に非常に大きな利点を備えたものですね。

浅島　それから先ほど『種の起原』の話をしましたけれども、僕が学生のころ読んだ『種の起原』のイメージと、今読むイメージとはまた違うんですよ。新しい世界が見えてくるんですよ。そしてもう一つ、本は反芻できる。イマジネーションがどんどん膨らむわけですよ。かめばかむほど味が出るのと同じように、いい古典といわれる本ほど読めば読むほど味が出るんですよ。これが僕は本のよさだと思うんです。

和辻哲郎が『古寺巡礼』を書いたのは二〇代のころですよね。そこにはペルシャ・ギリシャ・インドなどの文化とともに薬師寺とか東大寺が出てくるわけですよ。あの本を読むと本が持つ文化、あるいは美しさが見えてくる。それは活字でしか見えないものだと。画像では見えたものしか見えないんですよ。ところが本ではそれ以上のものが見えてくるんですね。

小林　今シンポジウムなんかをしますと理科系の先生はパワーポイントで非常にきれいな映像をつくりますが、これで本当にいいのか、あれはひょっとしたら教育効果を損なってるのではないかと思うときがありますね。もちろん、説明図が入るのはいいんですけど、学生がノートにとるべき要点まで書いてあるようなプレゼンテーションは行き過ぎだと思います。やっぱり言葉を通して自分で理解させようとしないといけない。あまりに早く感覚情報を与えることは必ずしもベストではないということを考えるべきです。今の学問の世界におけるプレゼンテーション技術の重要性もわかるんですけど、そこには落とし穴がある。言語で伝えていくという努力が大事なんです。自然言語のなかにこそ人間の思考や歴史の鍵があると思うんですよね。

歴史を見る目

小林　木畑さんは先ほど歴史の空間ということをいいましたけど、これを薦めたいという本があればあげていただきたいのですけど。

木畑　いろいろあるんですけど、歴史学入門でよく出てくる本で、非常に名著だと思うのはE・H・カーの『歴史とは何か』、それからマルク・ブロックの『歴史のための弁明』。

　この『歴史のための弁明』は最近教養学部の松村さんが新訳を出されて非常に名訳なんですけど、この二冊に共通しているのは現在というものを考えるためにはやはり

【歴史をよむ――木畑洋一がすすめる本】

E・H・カー『歴史とは何か』（岩波新書）

マルク・ブロック『新版　歴史のための弁明――歴史家の仕事』（岩波書店）

歴史を見なきゃならないといっている点です。つまり、カーの有名な言葉でいうと「過去と現在の対話」というんですけど、そういうなかで歴史をいかに見ていくか、歴史を見る目を育てていくか、歴史を考えるための方法を鍛えていくかということを考えた本で、これはやはり読んでおいてもらいたい本だと思います。マルク・ブロックの『歴史のための弁明』は「お父さん、歴史は何のためにあるのか」という問いかけから始まる。これは彼自身の子どもじゃなくて、知人の子どもなんですけどね。マルク・ブロックという人は第二次世界大戦でフランスのレジスタンスに参加して、そのために死ぬんですね。だからこれは未完の書で、論理的にも最終的なところまではいってない本なんですけど、まさに人間の傲慢さが発揮されてる戦争のなかで、歴史家として一体何が考えられるのかという、そういうぎりぎりのところで歴史について語った本なんですね。

小林　それは書かれた歴史じゃなくて、この生きている「歴史」ですか。

木畑　そう。副題は「歴史家の仕事」ですから、歴史家が自分の仕事として生きてる歴史をいかに考えていくかという点が問われているわけです。これが生きている歴史にまたはね返ってくるというそういう現実の緊張のなかで、何を語ろうとしたかを受けとめる必要があります。

小林　歴史学者としては理系も文系も含めて、学生に歴史の何を知ってもらいたいですか。

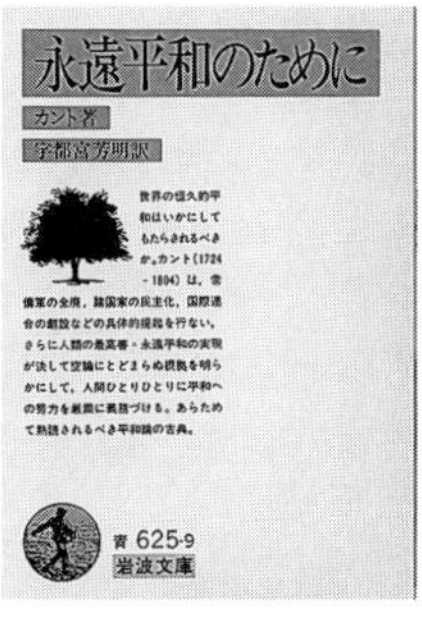

カント『永遠平和のために』（岩波文庫）

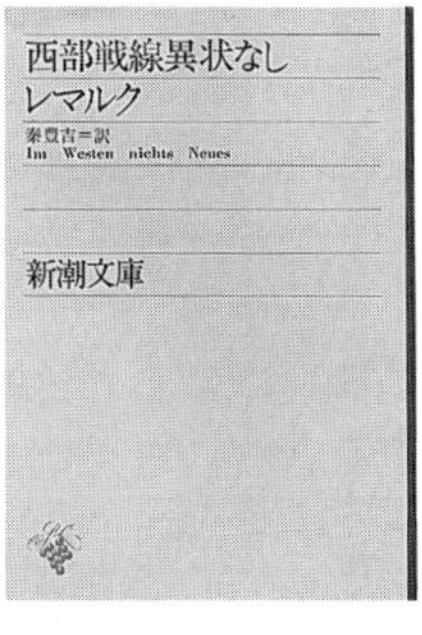

レマルク『西部戦線異状なし』（新潮文庫）

木畑　歴史というものを学ぶことが持つ力ですかね。自分が日々生きている現在が、どういった歴史を背負っているか。そこから人間の持ってる位置、そのなかでの自分の位置というものをどう定めていくか。その手がかりとしての歴史のあり方、向かい合い方ですね。

小林　歴史はさっきの生命みたいに四つの遺伝子もないし、宇宙物理学のように四つの基本的な力という統一性もない。

木畑　いや、かつては歴史の法則というのがあるよといってたわけで。そのときはある意味で幸せだったわけですよね。その法則を知れば先が見えてくると。しかし、そうじゃないんだということですね。

小林　構成された書かれた歴史は、歴史的に「国民」の形成と深くかかわっていると思います。要するに、近代国家になってネーションが形成されたときに、それが歴史的な産物だということを自覚しなきゃいけなかったわけですね。歴史の学びの必要性を近代市民は課せられていた。しかし今「ネーション」ではくくれない歴史に突入してますよね。そのときに大きな問いとしては、もうネーションではくくれないことが明らかなときに、世界の歴史をどう発想し引き受けたらいいのか。日本人は日本の歴史を知らなくちゃいけないというのはあたりまえなんだけど、われわれは日本だけではない歴史に対してすら責任を負ってるんだということを、自分は知的だと自己規定する学生たちにもどうにか知ってほしいわけですね。それこそ教養だと思うんですよ。

家永三郎『戦争責任』（岩波現代文庫）

板垣雄三『歴史の現在と地域学——現代中東への視角』（岩波書店）

世界全体に対して責任がある。この責任に対して歴史学が応えられなければ意味がないんだと思うんです。それはすごく大きな困難で、日本の歴史とか、フランスの歴史とか、イギリスの歴史とか、個別のネーションの歴史ならばもう山ほどある。はたしてこれを超える一歩を歴史家は、われわれは、どう踏み出したらいいのか。それを教えてほしいですね。

木畑　それは両方に開くことでしょう。一つは、佐藤先生のいわれた宇宙、そこまで行かないにしても地球へと。世界史という言葉があって、最近はグローバル・ヒストリーという言葉があるんですね。別にグローバル・ヒストリーといわなくて世界史でいいんじゃないかということもあるんだけど、いずれにせよ宇宙とのかかわりとか、生態系とのかかわり、そういうものを含めた地球や世界へと目を放っていくというのが一つ。それからもう一つは浅島先生の遺伝子までいかなくても、遺伝子が集まった一人ひとりの個人ですね。人はそれぞれ歴史を持ってる。そうした一人ひとりの人はどう生きてきたかという、その歴史ですね。そういう地球とのかかわりと個々人とのかかわり、そのなかにいろんなレベルがあって、ネーションの歴史なんていうのはその一つにすぎないと。そういう意味でネーションの歴史を相対化していく必要がありますね。

エドワード・**W**・サイード『オリエンタリズム』上・下（平凡社ライブラリー）

J・A・ホブスン『帝国主義論』上・下（岩波文庫）

人類の歴史？

小林　これは一種の挑発ですけど、人類の歴史は書かれたことがあるんでしょうか。つまり、人類という種の歴史ですね。浅島先生がおっしゃった人間という生物学的な種から出発して、一体人類はこれまで何をしてきたのかと。つまり個人でもなく、国家でもなく、国民でもなく、人類はいったい何をしてきたかという歴史が書かれるべきだと思いますが、いかがですか。

木畑　書かれたことはないと思うけれども、そういう問題提起が出てきたことはあるし、しかもそれはけっして古いことではない。つまり、人類は絶滅するんじゃないか、というふうな危機感が出てきたところで、そういう問題提起が出てきたわけですね。第二次世界大戦後、核という問題とか、人類そのものの滅亡につながるようなものをまさに人類が手に入れたとき、そこで人類の問題を考え始めた。

小林　もうひとつ、アウシュビッツもありますし、あのように人間を処理してしまう政治や体制を生み出したとすると、一体われわれの「進化」とは何なのか。宇宙の進化、生命の進化、では人類は進化したといえるのかと。これは歴史家はつらいところでしょうか。

木畑　かつてはそこのところは法則があって、その法則にのってやっていけばユートピアがあるということだったわけですね。だけど、そうではないと。ですから、人類

鹿野政直『「鳥島」は入っているか——歴史意識の現在と歴史学』（岩波書店）

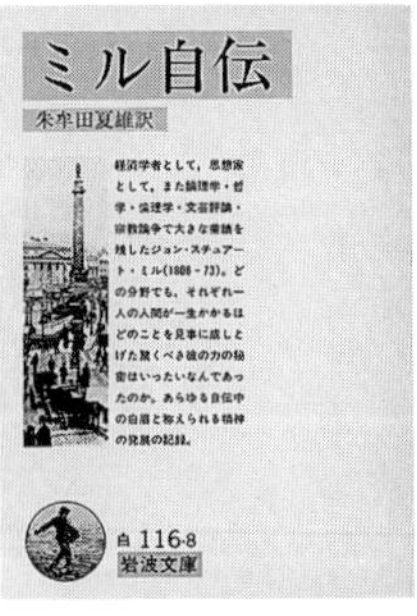

J・S・ミル『ミル自伝』（岩波文庫）

史はまだ書かれてないんだろうと思いますけど、人類の英知と愚かさと、それを全部含めた形での歴史というのは書かれるべきでしょう。

小林　すごく大変だと思うけど、今ようやくそういう地平に達していることは確かじゃないですか。われわれはやっと生物学的に「種」を考える基盤ができたと思うんです。今までは浅島先生がおっしゃったように、人間中心主義で自分のこと以外は考えなかったわけですけど、人類という種は他の種とのかかわりにおいても、地球という惑星に対しても、宇宙のなかで一体何をやってるんだ。何をやってきたのか。これが二一世紀の人類の課題だと思うんですよ。これは知的な総合力を持たなければ答えられないと思うんですよね。

浅島　そこが最近非常にお粗末になってるんですね。つまり、人類のいろんな問題が今ありとあらゆるところで起こってるわけですよ。物理が新しいエネルギーとともに原子爆弾をつくった。化学はナイロンとかビニールをつくって生活を豊かにしたけれども、環境破壊をした。今度は生物の番で、人間は病気を治療するという名目のもとに人間をいじり始めた。これが本当にいいのかどうか。いいならいい、悪いなら悪いというときに、どういう哲学や英智をもって説明するか。そこには生命科学者だけではなくて哲学者や社会学者、その他異分野の人がいわなきゃいけない。

小林　ここ五〇年くらい間の自然科学の膨大なドラマチックな変化、テクノロジーの急激な変化、そういうなかでどうやって人間を問うかということに関して、哲学者は

清沢洌『暗黒日記 1942-1945』（岩波文庫）

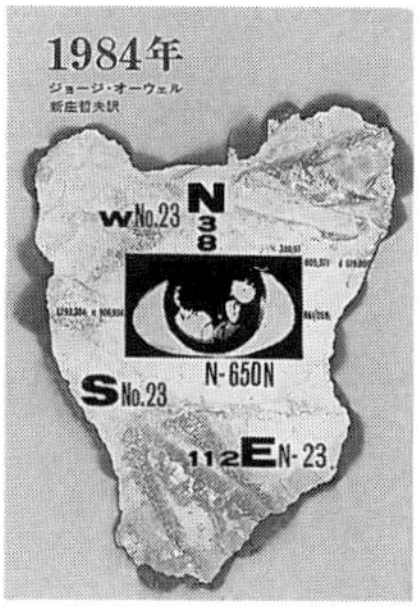

ジョージ・オーウェル『一九八四年』（早川文庫）

かなり苦労してると思います。昔は自然科学者と哲学者が一体となっていた。まさにヘラクレイトスの時代は「万物は流れる」でもよかったんですけど、今浅島先生がおっしゃったような根本的な問題に関しても、生命科学を知らずして答えようとしたら、相当な思い上がりということになりますよね。人間についての思考は、自然科学が行ったこの膨大な革命をどう人間的な意味に変換して、そこに人間としての哲学を打ち立てることができるかといま問われていると思います。

　私は問われているということに関してはきわめて自覚的ですが、今や哲学者は宇宙論も、生命論も、歴史もわからなければならないという恐ろしい立場に置かれていまして、そういう総合的な知をどうやって生み出していけるのか。これだけ細分化され膨大化した専門知識を前に、だれがどのようにしてその全体を総合して、人間の生きるべき道はこれだと言えるのか。人間の一生も能力も限られてますから、これはかなり難しいところに来てるなあという実感を持ってます。でも、同時にそういう地平が生まれてこないことにはとてもやっていけないのはもう目に見えてる。一人ひとりの個人では突破できないものを、どうやって共同のネットワークで同じ問いを共有しながらやっていけるのかという時代になってるなあと思っています。

臼井吉見『安曇野』全五巻（筑摩書房）

多様性のデザイン

浅島　いくつかのキーワードにまとめればいいのかわかんないんですけど、一つは

「ヒストリー」という言葉があります。それはヒューマン・ヒストリーでもあり、ネーション・ヒストリーでもあり、われわれでいえばナチュラル・ヒストリーなんですよ。ヒストリーという言葉がどうしても重要だと。それから「多様性」という問題ですね。今グローバリゼーションということが非常にはやってるけども、実は非常に単一化し、モノクロ化することによって組織というのは非常に弱くなる。だから、考え方も含めて、いかにして多様性を確保するか、ということが非常に重要だなと。つまり、多様性の社会をつくり得るかどうかということ。それから共存と自律という考え方。あれはだめだとか、あれはいいとかいうものじゃなくて、お互いが共存し自律し合えるものがやっぱり必要だろうと。それから破壊のみではなくて「残す」ということ。何を残すかということが重要なんだけども、今はつくることばっかりをやっていて、モノづくりとか、つくるということは非常にいいことみたいに見えるんだけども、残すべきものが今全部壊れていってる。それは文化だと思うんです。そこで一番キーになるのは人間と自然だと思うんです。人間を中心としてそういうものをつくっていける人が出てこないと、人間はやっぱり滅びる。それを支えるのが教養であると。

佐藤　物理学者というのは物事を非常に単純化して考えますので、人類の歴史だとかを考えたときに、今、明らかに違うフェーズに移りつつあるわけですよね。はっきりいえば、自分で自分自身をデザインできるような時代になってきてるわけですね。こういう時代になったときに、人間は一体どうデザインするのか。究極はそこだと思うんですよ。もはや人間の進化は自然の進化で決まるんじゃないと思いますよ。デザインすることによって火星に住めるような生命だってつくれるかもわからない。まあSFみたいな話になってくるけど、決してSFじゃないと思うんですよね。よく長谷川寿一さんがいってることなんだけど、われわれの知的能力はアフリカにいたときから大して変わっていないし、ましてや人間の心もまったく進化してない。アフリカの大地にいた一〇万年前のころにつくられた心で、互いに生物としてのいろんな感情、心を持って生きてるわけですよね。それをそのまま生かすようにデザインをすることが人間だということでいいのか、それが倫理だということでいいのか、ということが大きく問われていると思うんですよね。もちろん答えはないんだけども、やっぱり広い教養を持つことですね。これから大事なことは、人類の未来をデザインできる能力。それは総合的な知見をもってやることだと思うんですよね。

木畑　さっき浅島先生がいわれた多様性ということと、共存とか、共生とかいうことがやっぱり重要なキーワードだと思うんです。教養をどう考えるかという前に、自分の場をどこに定めるかということ。それを助けるのが教養というものですし、自分の場を定めるというのはどういうことかというと、自分とは違うもの、他の位置をわかることでもあるでしょう。自分をみつめられるということは他をみつめられるということだと。他をみつめるということは、いろんな違いがあるんだということをそれぞれに認識していくこと。これは多様性の認識ですよね。その多様なものといかにお互

【人間をよむ——山本泰がすすめる本】

M・メルロー＝ポンティ『知覚の現象学』全二巻（みすず書房）

ノーマ・フィールド『祖母のくに』（みすず書房）

いに補い合いながらやっていくのか。それが共存共生ということでしょう。みずからの位置を定めながら他を知り、それによって多様性を認識して共存共生を図っていく。そういう道筋がわれわれが求めるべきものであって、それを助けるものとしての教養というものがあると、そういう感じですよね。

自分と他者ということでいうと、世界のなかでみずからを位置づけるというところで、エドワード・サイードの『オリエンタリズム』という本がありますけれども、これはヨーロッパがオリエントをどう見たかという、まさにそのなかにある自他認識を問題にした本です。ヨーロッパがオリエントを見る目のゆがみというものが、ヨーロッパというものをまたどのようにゆがめていったかという話になるわけで、これなんかはそういうことを考えるのに非常にいい例だと思うんですよね。サイードの自伝『遠い場所の記憶』も薦めたい本です。先ほども言いましたけれども、それぞれの個人をどう見るかというときに伝記だとか自伝とか、あるいはいろんな人が書いた日記なんかを読めばおもしろい手がかりになるところがあると思うんです。だから、サイードの『オリエンタリズム』と自伝なんかを合わせて読んでみると非常におもしろいんじゃないかという感じがしますけど。

浅島　二〇世紀最大の発見はワトソンとクリックの二重らせんだといわれていて、皆さんはワトソンとクリックだけを取り上げるけども、先ほどのシャルガフがその本当のもとをつくったんですね。もっというと、最終的に決定したのは女性科学者ロザリ

徐京植『子どもの涙——ある在日朝鮮人の読書遍歴』(小学館文庫)

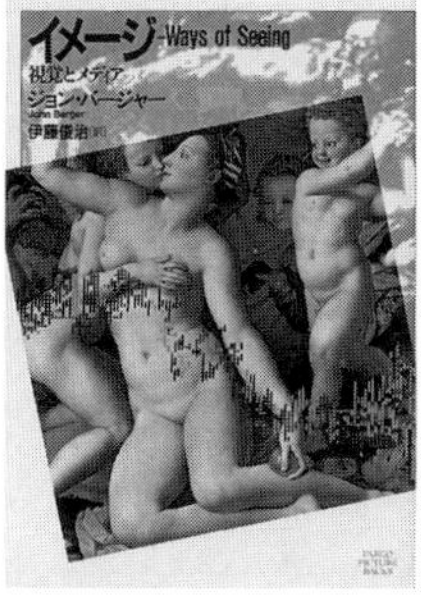

ジョン・バージャー『イメージ **Ways of Seeing**——視覚とメディア』(**PARCO**出版)

ンド・フランクリンのX線写真なんですよ。そういう科学と人間との葛藤というのは非常に生臭いとこがあるんです。たとえばロザリンド・フランクリンはずば抜けた技術をもっていてX線解析に対して徹底的に美を求めるわけです。シャルガフは純粋な学問をしようとする。一番生臭い商人的なのがワトソンとクリックなんですよ。あちらから情報を集め、こちらから集め、ボーリングのものを息子から聞き出してる。そこまでやって最後につくり上げるんですね。そういう人間の生きざまというものが、その後の科学に対して力を持つわけですね。

もう一ついえば、マクリントックという僕が非常に尊敬する女性がいるんですけど、彼女はトウモロコシで動く遺伝子を見つけるんです。九〇歳の生涯をずっとトウモロコシとつき合っていくわけですが、彼女は学問が非常に好きでたまらない。一時華やかなときもあったんですが、ワトソンから徹底的にいじめられて、最後には自分一人になるわけです。師もいなくなれば、お金もなくなる。それでも研究を続けられるかどうかということですが、彼女は最後までずっと研究を続けるわけです。そして八一歳でノーベル生理・医学賞を受賞します。そういう人の生きざまというか、それを見て学んでいただきたい。本を読むことは自分を育てることですから。そして本を読みながらコミュニケーションする。人と対話をする。今、コンピュータとは対話できるけども、人と対話できない人があまりにも多すぎる。

もう一つ、先ほど生物の多様性ということが重要だといわれましたけど、本として

ミラン・クンデラ『笑いと忘却の書』（集英社）

武田百合子『富士日記』上・中・下（中公文庫）

薦めるならばエドワード・ウィルソンの『生命の多様性』というのがあるんですよ。これは環境から、社会から、すべてを含んでるんです。多様性のなかで生命がどうして安定化しているか、不安定性が生じたときに何が安定性の支えになるか、ということを書いてるわけです。いわば、一つの考え方のなかにこういう視点も入れていくのがいいんではないかなと思ってます。

まとめ——個人としての力

小林 ありがとうございました。本当は先生方が若いときに自分の精神形成をいかになさったか、という話をうかがいたかったんですが、もう時間がきてしまいました。まとめさせていただきますと、みなさんのお話をうかがってますと、教養とは身につけるべき必須アイテムというようなものではなくて、最後は個人としての力なんだと思いました。教養とは何かについては、いろんな考え方があるけど、人間は自由にものを考えられる存在であることを自分なりに受け止めることができること。自分で自分の人生をいわばデザインし、設計し、自分の物語をつくる自由を持っている。その自由をどう行使するのかについて自覚的であることだと思いました。もちろん、一般的に集団として知っておかなくちゃいけないこと、さまざまなルール、そういうものはありましょうが、教養という言葉が指し示しているのはそういうことよりは、自分が個人としてどのくらい自分を引っぱっていけるか。あるいは自分の理想をどう追い求められるか。知らないことをどれだけ知ろうとして、それによって自分の世界を広げていくことができるか。どのくらい他者あるいは世界を理解する能力を持てるのかと。そういうふうに最後は個人の力に行き着くのではないかなと思います。

だとすると、先ほど木畑先生が自伝や伝記とおっしゃいましたけど、あるいは浅島先生があるすばらしい個人のケースをおっしゃいましたし、山本さんが言われたよりよく生きる人の姿も同じことですが、自分を超えていると思える、尊敬すべき人にどう出会うかこそ鍵になりますね。個人の力に目覚めるためには、個人の偉大さに出会わなければならない。しかし個人の偉大さとは、何かを成し遂げたことの偉大さというよりは、その人間が何を考え、何を信じ、何を悩み、何を失敗したか——その内面のすべての尊厳から自分が学べるかどうか。そのとおりになるためにではなくて、自分で自分の意味をつくって、その意味を自分のためだけじゃなくて、人のためにも開いていけるような人間力を個人として持てるということに気づいていく、ということが多分一番大事なことではないかと思います。

その意味で人間の内面的な言語力というか、思考、想像力の過程みたいなものがつぶさにわかるものにぜひ触れてほしいと思いますし、個人の著作もそうだと思いますし、いかに生きたのかという個人の日記とか伝記。これに触発されなければいけない。映画の主人公とは違う生身の人間が、歴史のなかでどうやって自分の意味を見つけようとあがいたのかということを見通すことが、教養の一番究極のポイントだということ

【美をよむ——小林康夫がすすめる本】

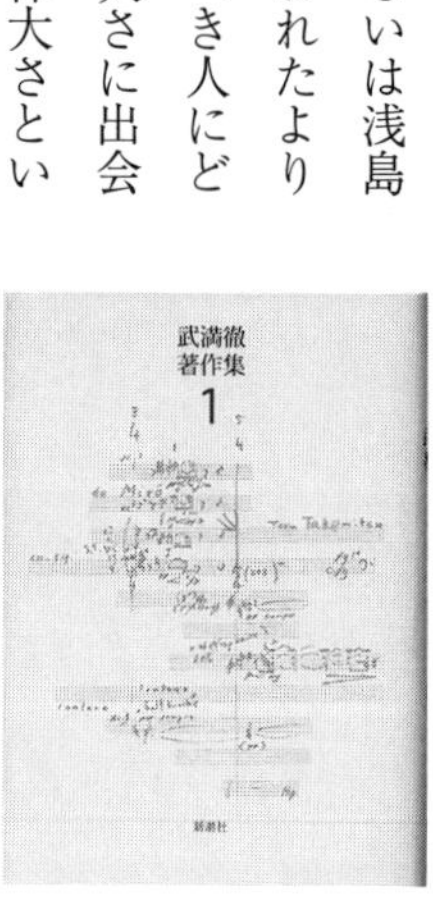

武満徹「樹の鏡、草原の鏡」（『武満徹著作集』第一巻所収、新潮社）

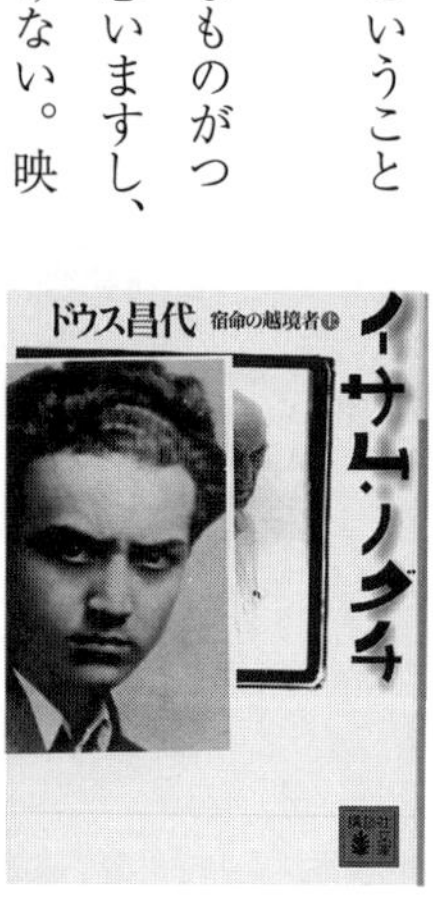

ドウス昌子『イサム・ノグチ——宿命の越境者』上・下（講談社文庫）

で、きょうの一応のまとめとさせていただきたいと思います。どうもありがとうございました。

（二〇〇五年一月二五日）

宇宙をよむ——佐藤勝彦がすすめる本

J・D・バロー『宇宙のたくらみ』（菅谷暁訳、みすず書房、二〇〇三年）

ローレンス・M・クラウス『コスモス・オデッセイ——酸素原子が語る宇宙の物語』（はやしまさる訳、紀伊國屋書店、二〇〇三年）

佐藤勝彦『宇宙「96％の謎」——最新宇宙学が描く宇宙の真の姿』（実業之日本社、二〇〇三年）

スティーヴン・ホーキング『ホーキング、未来を語る［普及版］』（佐藤勝彦訳、アーティストハウスパブリッシャーズ、二〇〇四年）

フリーマン・ダイソン『多様化世界——生命と技術と政治』（鎮目恭男訳、みすず書房、新装版二〇〇〇年）

ジョン・D・バロウ『宇宙に法則はあるのか』（松浦俊輔訳、青土社、二〇〇四年）

ブライアン・グリーン『エレガントな宇宙——超ひも理論がすべてを解明する』（林一・林大訳、草思社、二〇〇一年）

クリストファー・ストリンガー、ロビン・マッキー『出アフリカ記　人類の起源』（河合信和訳、岩波書店、二〇〇一年）

ビクター・S・ジョンストン『人はなぜ感じるのか？』（長谷川眞理子訳、日経BP社、二〇〇一年）

安藤忠雄『連戦連敗』（東京大学出版会）

アンリ・マティス『マティス　画家のノート』（みすず書房）

カール・セーガン、アン・ドルーヤン『はるかな記憶――人類に刻まれた進化の歩み』（上・下）（柏原精一・佐々木敏裕・三浦賢一訳、朝日文庫、一九九七年）

生命をよむ――浅島誠がすすめる本

ダーウィン『種の起原』（上・下）（八杉龍一訳、岩波文庫、改版一九九〇年）＊品切

リチャード・ドーキンス『虹の解体――いかにして科学は驚異への扉を開いたか』（福岡伸一訳、早川書房、二〇〇一年）

マーティン・ガードナー『新版　自然界における左と右』（坪井忠二・藤井昭彦・小島弘訳、紀伊國屋書店、一九九二年）

マックス・ウェーバー『職業としての学問』（尾高邦雄訳、岩波文庫、改訳一九八〇年）

和辻哲郎『古寺巡礼』（岩波文庫、一九七九年）

ジェームス・D・ワトソン『二重らせん』（江上不二夫・中村桂子訳、講談社文庫、一九八六年）

エブリン・フォックス・ケラー『動く遺伝子――トウモロコシとノーベル賞』（石館三枝子・石館康平訳、晶文社、一九八七年）

リチャード・ドーキンス『利己的な遺伝子』（日高敏隆・岸由二・羽田節子・垂水雄二訳、紀伊國屋書店、一九九一年）

エドワード・O・ウィルソン『生命の多様性』（上・下）（大貫昌子・牧野俊一訳、岩波現代文庫、二〇〇四年）

O・マンゴルド『発生生理学への道――ハンス・シュペーマンの生涯と業績』（佐藤忠雄訳、法政大学出版局、一九五五年）＊品切

金子邦彦『生命とは何か［複雑系生命論序説］』（東京大学出版会、二〇〇三年）

志村ふくみ『一色一生〔新装改訂版〕』（求龍堂）

篠田桃紅『桃紅――私というひとり』（世界文化社）

E・シャルガフ『ヘラクレイトスの火』(村上陽一郎訳、岩波同時代ライブラリー、一九九〇年)＊品切

歴史をよむ――木畑洋一がすすめる本

E・H・カー『歴史とは何か』(清水幾太郎訳、岩波新書、一九六二年)
マルク・ブロック『新版　歴史のための弁明――歴史家の仕事』(松村剛訳、岩波書店、二〇〇四年)
カント『永遠平和のために』(宇都宮芳明訳、岩波文庫、一九八五年)
レマルク『西部戦線異状なし』(秦豊吉訳、新潮文庫、一九五五年)
家永三郎『戦争責任』(岩波現代文庫、二〇〇二年)
板垣雄三『歴史の現在と地域学――現代中東への視角』(岩波書店、一九九二年)
エドワード・W・サイード『オリエンタリズム』(上・下)(板垣雄三・杉田英明訳、平凡社ライブラリー、一九九三年)
J・A・ホブスン『帝国主義論』(上・下)(矢内原忠雄訳、岩波文庫、一九五一年)＊品切
網野善彦『日本論の視座――列島の社会と国家』(小学館、二〇〇四年)〔(小学館ライブラリー、一九九三年)〕
鹿野政直『「鳥島」は入っているか――歴史意識の現在と歴史学』(岩波書店、一九八八年)＊品切
J・S・ミル『ミル自伝』(朱牟田夏雄訳、岩波文庫、一九六〇年)
清沢洌《きよし》『暗黒日記 1942-1945』(山本義彦編、岩波文庫、一九九〇年)〔『暗黒日記』(全三巻)(ちくま学芸文庫、二〇〇二年)〕
ジョージ・オーウェル『一九八四年』(新庄哲夫訳、早川文庫、一九七二年)

臼井吉見『安曇野』（全五巻）（筑摩書房、一九六五〜七四年）（ちくま文庫、一九八七年）＊品切

人間をよむ――山本泰がすすめる本

M・メルロー＝ポンティ『知覚の現象学』（全二巻）（竹内芳郎・小木貞孝・木田元・宮本忠雄訳、みすず書房、一九六七年）
石原吉郎『石原吉郎詩集』（思潮社、一九六七年）＊品切／（現代詩文庫、一九六九年）＊品切
ルイス・トマス『人間というこわれやすい種』（石館康平・石館宇夫訳、晶文社、一九九六年）
ノーマ・フィールド『祖母のくに』（大島かおり訳、みすず書房、二〇〇〇年）
徐《ソ》京 植《キョンシク》『子どもの涙――ある在日朝鮮人の読書遍歴』（柏書房、一九九五年）／（小学館文庫、一九九八年）
ジョン・バージャー『イメージ Ways of Seeing――視覚とメディア』（伊藤俊治訳、PARCO出版、一九八六年）
ミラン・クンデラ『笑いと忘却の書』（西永良成訳、集英社、一九九二年）
エドワード・W・サイード『遠い場所の記憶　自伝』（中野真紀子訳、みすず書房、二〇〇一年）
武田百合子『富士日記』（上・中・下）（中公文庫、改版一九九七年）
魯迅『阿Q正伝・藤野先生』（駒田信二訳、講談社文芸文庫、一九九八年）

美をよむ――小林康夫がすすめる本

矢内原伊作『ジャコメッティとともに』（筑摩書房、一九六九年）＊品切
パウル・クレー『クレーの日記』（南原実訳、新潮社、一九六一年）＊品切
ポール・セザンヌ『セザンヌの手紙』（ジョン・リウォルド編、池上忠治訳、美術公論社、

一九八二年）＊品切
土方巽『土方巽全集』（全二巻）（種村季弘・鶴岡善久・元藤燁子編、河出書房新社、一九九八年）＊品切
武満徹『樹の鏡、草原の鏡』（新潮社、一九七五年）＊品切〔『武満徹著作集』第一巻所収、谷川俊太郎・船山隆編（新潮社、二〇〇〇年）〕
ドウス昌子『イサム・ノグチ——宿命の越境者』（上・下）（講談社・二〇〇〇年、講談社文庫・二〇〇三年）
安藤忠雄『連戦連敗』（東京大学出版会、二〇〇一年）
『古今和歌集』（佐伯梅友校注、岩波文庫）／（全三冊）（久曾神昇訳注、講談社学術文庫、一九七九年）／（窪田章一郎校注、角川文庫、一九七三年）
アンリ・マティス『マティス　画家のノート』（二見史郎訳、みすず書房、一九七八年）
フランツ・カフカ「日記」（マックス・ブロート編『カフカ全集』第七巻所収、谷口茂訳、新潮社、一九八一年）＊品切
ヴァルター・ベンヤミン「一九〇〇年頃のベルリンの幼年時代」（『ベンヤミン・コレクション3　記憶への旅』所収、久保哲司訳、ちくま学芸文庫、一九九七年）
志村ふくみ『一色一生〔新装改訂版〕』（求龍堂、二〇〇五年）〔『一色一生』（講談社文芸文庫、一九九四年）〕
篠田桃紅『桃紅——私というひとり』（岩河悦子編、世界文化社、二〇〇〇年）
モーリス・ブランショ『文学空間』（栗津則雄・出口裕弘訳、現代思潮新社、新装版一九七六年）
ガストン・バシュラール『空間の詩学』（岩村行雄訳、思潮社、一九六九年）＊品切〔（岩村行雄訳、ちくま学芸文庫、二〇〇二年）〕

C O L U M N

分野を分ける前に

金子邦彦

一年半程前に、『生命とは何か』という本を上梓したのだが、不思議なことに、十代と名誉教授クラスの方からの評判がよい。ある大学生いわく「生物学の本だと思って読もうとしたらよみにくかったけど物理の本だと思って読んだら面白かった」。「ある分野」という固定観念を持つと、考え方が縛られる、一方、そこからはずれやすい（世代）ほど素直に興味を持ってもらえるということなのだろうか。しかし、そもそも分野とはなんなのだろう。経済学者兼認知科学者兼人工知能研究者兼……のハーバート・サイモンは自伝『学者人生のモデル』で語る。「学問分野は国家と同じように、限定合理性しかもたぬ人間に対して目標を単純化させ、計算できる形に人々の選択のしかたを変えてしまう必要悪である。（中略）。したがって世界は新しい知識をある国から他の国へと運ぶ国際的で学際的な旅行者を必要とせざるをえない」。

考えてみれば、学問が分れてきたのは最近のことにすぎない。学科の分け方、高校での物理、化学、生物、地学の分け方も便宜的なものである。

G. ベイトソン『精神の生態学』（改訂第 2 版，佐藤良明訳，新思索社，2000 年）

最近、「学際研究」とか言われるけれど、元来我々が探求したい、自然、生命、社会現象は、これはXX分野ですよ、として存在しているのではない。そして教養は分野以前にあるべきものだろう。というわけで、そうした分野の枠などなきがごとくに、知的に楽しめる本を三冊あげてみる。M・アイゲン、R・ヴィンクラー『自然と遊戯』（東京化学同人）、G・ベイトソン『精神の生態学』（新思索社）、J・ダイアモンド『銃・病原菌・鉄（上下）』草思社。

第III部

さまざまな〈教養〉

1

古典の力——和漢洋印回の魅力

山内昌之

讀書の法は、當《まさ》に孟子の三言を師とすべし。曰《いわ》く意を以《もっ》て志を逆《むか》ふ。曰く盡《ことごと》くは書を信ぜず。曰く人を知り世を論ずと。

——佐藤一斎『言志四録』

われらのもとには話しても話しても
倦《う》むことのない友がおります
彼らは陰に陽に誠実で信用できる者たちです
皆、過去の知識をわれらに教えてくれます
意見、教養、名誉、威厳すべてを

それらの者は「死者だ」と申されたところで
間違ってはおりません　またもし
「生きた人間だ」と申されたところで
嘘を申されたのでもございません

ある日のこと、イスラームの最高権力者カリフは、話の相手をさせようとして、一人の学者のもとに使いを出しました。すると、学者はいま賢者らと話し合っている最中だから用が済み次第参上すると答え、すぐに伺候《しこう》しなかったのです。カリフは、その賢者とは何者かと尋ねると、召使は学者のもとには誰もおらず、学者は書物を重ねたまま一心不乱に読み耽っていると答えました。怒ったカリフの命で無理矢理に引き立てられた学者は、詰問に応えて「友」にかかわる冒頭の詩を読誦したのでした。カリフは、「友」とは書物を示唆したことを知り、あえて遅参の無礼を咎めようとしなかったといいます。

イブン・アッティクタカー（一二六二年頃―?）の『アルファフリー――イスラームの君主論と諸王朝史』第一巻（池田修・岡本久美子訳、平凡社東洋文庫、二〇〇四年）に紹介された逸話は、「知識ある者とない者と同じであり得ようか」（コーラン39：9）といい、知識に価値があることを疑わなかった盛時のイスラームにふさわしいものでしょう。預言者ムハンマドも、「まことに天使らはその翼を知識を求める者の上に置

［本章末の推薦書リストの順に書影を掲げる］

イブン=ハルドゥーン『歴史序説』全四巻（岩波文庫）

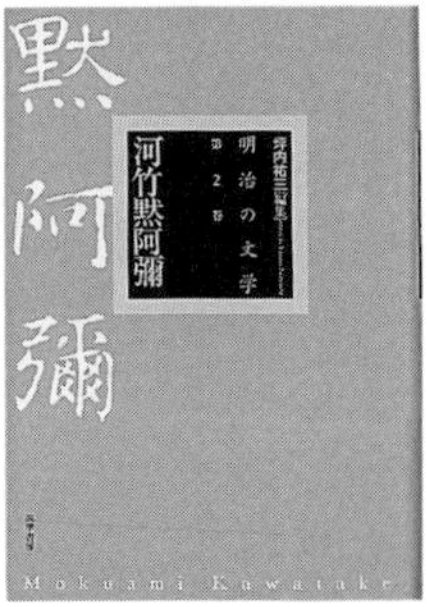

河竹黙阿彌『天衣紛上野初花』（『明治の文学・第二巻　河竹黙阿彌』、筑摩書房）

き給う」と語ったと伝えられています。

イブン・アッティクタカーは、十四世紀イラクのシーア派の指導者だった人物ですが、書物と知識の価値についての発言は現代にも通じるものがないでしょうか。書物は「欺かず、疲れさせず、仮に読者が粗末に扱っても、文句もいわず、読者の秘事を暴くこともない座右の友」だという指摘には、共感する人も多いはずです。何よりもイブン・アッティクタカーの言説は、二十世紀の分析哲学者カール・ポパー（一九〇二—九四年）の指摘とほぼ重なるといってもよいでしょう。「読むこと、そして重要さの程度は落ちるが書くことを覚えることは、いうまでもなく、人間の知的発達における重大な出来事である。これに匹敵するものはない」と（カール・ポパー『果てしなき探求—知的自伝』上、森博訳、岩波現代文庫、二〇〇四年）。

また、読書は正しい統治をするために必要な王者の条件でもありました。かれらが重視したのは、民情を深く洞察し正しい論拠にもとづいて政治を行なった上で、「学問に目を向け、高貴な者たちによって著わされた書物を繙《ひもと》くこと」でした。「知識に価値があることについていえば、あたかも太陽が現れるように明白なことで、疑問の余地は全くない」とイブン・アッティクタカーは述べています。

こうした読書の効用は、いにしえの王者や政治家の場合に限ったものではありません。平成の日本人であっても、たとえば歴史の書物をひもとくのは、そこに現代の性格を理解し未来への道筋を考える豊かな手がかりを求めようとするからです。読書に

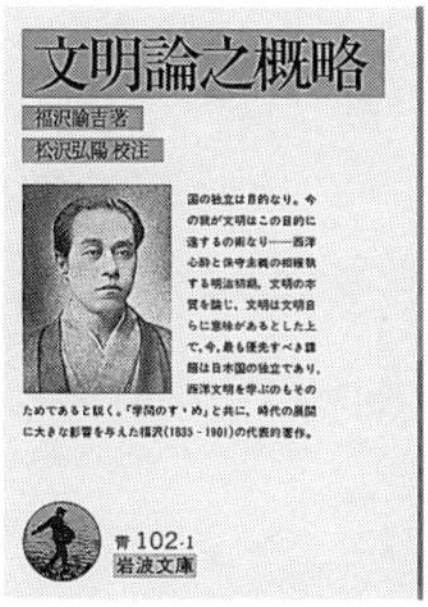

福沢諭吉『文明論之概略』（岩波文庫）

荻生徂来『政談』（岩波文庫）

よって何かを得ようとは功利的で怪しからんという批判もありうるでしょう。読書はそれだけで楽しく教養の糧になるのだという信念は決して間違っていません。しかし、大学は学者や文筆家だけを育てる場所ではありません。官公庁や企業にはじまり自営業にいたるまで、広く世に人材を供給する場所でもあるのです。多くの学生にとって、読書は将来の職業選択の助けになるだけでなく、自分が選んだ職業における向上心と結びつく教養を涵養する機会であっても不思議はないのです。この点で私は、教養と読書との関係について、やや保守的な考えをもっているのかもしれません。私は、有名な『君主論』の著者ニッコロ・マキャヴェッリ（一四六九―一五二七年）の主張をつい紹介したくなるのです。

> 世の識者は、将来の出来事をあらかじめ知ろうと思えば、過去に目を向けよ、と言っている。この発言は道理にかなったものだ。なぜかといえばいつの時代をとわず、この世の中のすべての出来事は、過去にきわめてよく似た先例をもっているからである。つまり人間は、行動を起こすにあたって、つねに同じような欲望に動かされてきたので、同じような結果が起こってくるのも当然なのである。
>
> （『ディスコルシ』第二巻、永井三明訳、筑摩書房、一九九九年）

マキャヴェッリは、指導者たる者が政治や外交の行動にあたって、過去にもあった

マルクス、エンゲルス『新編輯版・ドイツ・イデオロギー』（岩波文庫）

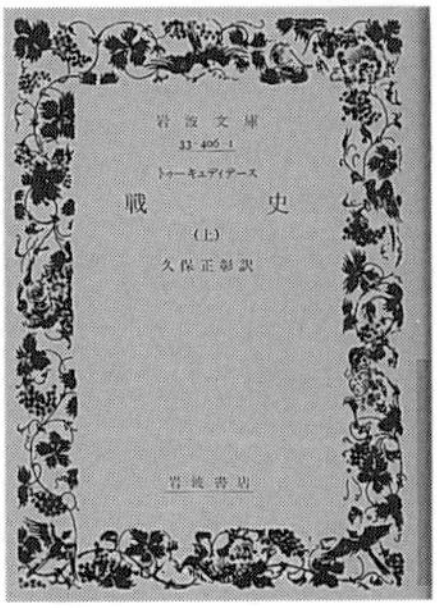

トゥーキュディデース『戦史』全三巻（岩波文庫）

欲望に突き動かされるという公理をさりげなく語り、過去を学ぶように促しているのです。これは、国王や貴族が政治を担っていた時代だけに妥当するわけではありません。むしろ、ブルボン朝の太陽王ことルイ一四世（一六三八―一七一五年）の寵臣だった大使フランソワ・ド・カリエール（一六四五―一七一七年）の言は、現代社会で外交や行政に限らず、交渉事にあたるすべての人びとにとっても有益な教えというべきではないでしょうか。それは、「事実や歴史にくわしいということは、交渉家が敏腕であるために大切な素養の一つである」というのです。なぜなら、抽象的な理屈というものはしばしば不確かだからとカリエールは述べています。大抵の人間は前例に従って行動するし、自分が直面している場合に過去はどうであったのかを基準にしながら慎重に決心するものなのです（『外交談判法』坂野正高訳、岩波文庫、一九七八年）。

　こうした感覚は、幕末の昌平黌《しょうへいこう》（幕府直轄の学校）の有名な儒官、佐藤一斎による『言志四録《げんししろく》』の言説にも通じる面があるかもしれません。「吾れ書を読むに方《あた》り、一たび古昔聖賢《こせきせいけん》豪傑の体魄《たいはく》皆死せるを想《おも》へば、則《すなわ》ち首《かしら》を俯《ふ》して感愴《かんそう》し、一たび聖賢豪傑の精神尚《な》ほ存するを想へば、則ち眼を開きて憤興《ふんこう》す」と。およそ次のような意味になるでしょうか。私は読書するとき、昔の聖人や賢人や豪傑の体も魂も皆死んでいると思うと、頭をたれて悲しくなる。しかし、かれらの精神がいまだに生きていると思うと目を開いて発憤し奮い立つのだ、と（『言志四録』山田準・五弓安二郎・訳注、岩波文庫、一九九九年）。

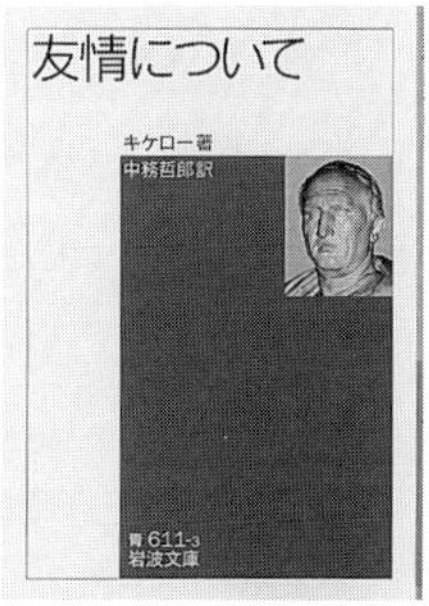

キケロー『友情について』（岩波文庫）

『唐詩選』全三巻（岩波文庫）

世の中の仕事とは、つきつめて言えば、すべて交渉事や判断の問題といってよいかもしれません。仕事を成功させるには、冷静に現実感覚を発揮することが必要になります。このリアリズムの定義と解釈については、人びとの考えも分かれます。この違いをひとまず理解できるのも読書の効用といってもよいでしょう。一例をあげると、私の主観的な思いこみかもしれませんが、古代ギリシアの哲学者プラトン（前四二八—前三四七年）の『国家』は、現実の国家が直面する政策や理念、政治家の苦悩を考えようとするとき、あまりにも政治の厳しいリアリティから遊離しているように思われます。

『キケロ』（岩波新書、一九九九年）の著者、高田康成氏は、プラトンのいう「自分自身の内」なる国家の「政治」という事象が本来の「政治」を意味せず、「人間は政治的動物である」という場合の「政治的」なる含蓄にも当てはまらないと看破しています。実際に、キケロ（前一〇六—前四三年）の「国家について」（『キケロー選集』第八巻、岡道男訳、岩波書店、一九九九年）を読むと、キケロの現実感覚はプラトンと比べて際だっていることに気がつくでしょう。これは、キケロがローマ共和政期の政治家にして雄弁家であり、紀元前五六年のカエサルらによる三頭政治の成立以前に、執政官（コンスル）に上りつめたという現実政治との緊張感あふれる関わりとも無縁ではありません。国家における政治活動を現世の価値判断で評価することを拒否し、地上のどこにも存在しない理想郷に頼って現実に存在する国家を否定する人たちは、「時勢」

佐藤一斎『言志四録』全四巻（講談社学術文庫）

『バガヴァッド・ギーター』（岩波文庫）

や「やむをえない事情」によって強いられないかぎり「国政」に参与しなくてよいという（キケロの批判する）議論にまず懐疑的になる必要があるのではないでしょうか。

キケロは、「海が静かなとき舵を取ることができないと言う者が、大波の逆立つときには舵を取ろうと約束すること」ほど不思議なものはないと述べています。何故なら、国家の確立や維持の原則を学ばず教えることもないと公言し、自慢さえしてきたのは、こうした学者たちだからです。キケロは、現実の政治を「学者や賢者」でなく、「その分野に経験のある者」たちに任せるべきだと逃げてきた学者の矛盾を厳しく指摘しました。この点に関するキケロの皮肉は痛烈きわまりないでしょう。

「とすれば、非常事態に面してやむをえないときにはじめて国家に尽力を約束することとどうして矛盾しないのか。彼らは、危機が迫らないときに国家を治めることははるかに容易であるのに、その心得を知らないのだから」（一巻六章、岡道男訳）。

賢者がすすんで国政に関わることはないかもしれません。しかし、時勢が強要する場合に国政へ奉仕する義務を拒絶しないというなら、国政に関する知識はなおざりにすべきではありません。これは、現実の政治に関わる人びとを評論や理想の高みから超越的に批判しがちな一部の現代人にとっても、自戒の言でなくてはなりません。キケロが国家を正義の中心にすえていたことは、「新しく国を建設すること、あるいはすでに建設された国を守ることほど、そこにおいて人間の徳が神意に近づくものはない」（一巻七章）などの指摘からも確認されるでしょう。現代人の感覚からすれば、キ

トマス・E・ロレンス『知恵の七柱』全三巻（平凡社東洋文庫）

モンテーニュ『エセー抄』（みすず書房）

ケロは国民の権利を無視した国家至上主義者のように映るかもしれません。しかし彼は、王政・寡頭政・民主政の混合政体に理想の統治構造を見出したように、国民の権利と集団性のもつ積極的意味を十二分に自覚していた点も忘れるべきでないでしょう。

読書によって、キケロの修辞法をすぐに学び現実感覚を習得できるわけではありません。豊かな資質は一朝にして得られるものではないからです。しかし、他人が何を語っても、それに対して適切に物を言い返答するには、教養や知識を効果的に応用する機転が必要になります。それを可能にする一つの道は読書による知識の蓄積でしょう。このためには、相応の暗誦努力も問われるはずです。カリエールは文人（オム・ド・レトル）の方《ほう》が無学な人よりも有能な交渉家になれると語っています。これは官公庁や企業や自由業を問わずに、どの職業でも成功する人びとの条件にあてはまるのではないでしょうか。自分の考えを正確に、はっきりと分かりやすく説明し、明解に書くためには、学生時代から着実に読書の体験を積んでおかなくてはなりません。

このためには、ある程度まで体系的に読書することが必要となります。ここで古典と呼ばれる文献が役に立つのです。先人の知恵が生きてくるからです。たとえば、日本史の寛政の改革で名高い松平定信（一七五八―一八二九年）は、子孫への指針として自伝『宇下人言《うげのひとこと》』を書きましたが、そこでは自分の読書歴を披露しています。平成の日本人からすれば別世界のように感じる面もあるでしょうが、ひとまず耳を傾けてみましょう。定信は、七歳の時に『孝経』（孔子が門人曾参《そうしん》に孝道を述べたのを記録し

根岸鎮衛『耳袋』（平凡社ライブラリー）

ボズウェル『ジョンソン博士の言葉』（みすず書房）

た経書）を読み、八、九歳になると『大学』（四書のひとつで、修身から治国平天下を説く）などを習ったと回想しています。十一歳の頃からは「治国の道」を積極的に学ぼうとして、思いついた工夫を自分で書きつけ図にも表現したといいます。そして、十二歳の時には『自教鑑』を書いたと記しています。これは、人倫の道をはじめ、君主のつとめるべき義務などに触れた書物です。自ら著すことによって自戒の心得にしたというのですから、時代の違いを差し引いても、たいした器量ではないでしょうか。

喜んだ父の田安宗武は定信に褒美として『史記』を与えたといいます。もっともな話というべきでしょう。松平定信で有名なのは、十三歳頃に『後漢書』の陳蕃伝を読んで膝を打って慨然《がいぜん》としたという逸事です。彼は、十五歳の陳蕃の部屋を父の友人が訪れた時、部屋が汚いので賓客を迎えるのに何事かとなじったところ、大丈夫はひとたび世に出るや天下を掃除するのだ、どうして部屋の一つごときを掃除できようかと応えたという故事にいたく感動したようです。十二歳頃から「通俗の書」も読んだようですが、通俗の書は「いつはり多し」と聞いたのでやめてしまったというあたり、平成の私たちとちがって謹厳な松平定信の読書の個性がよく表れています（『宇下人言・修行録』松平定光校訂、岩波文庫、一九九六年）。このあたりの定信のリゴリズムにはやや辟易する人も多いでしょう（これについてはすでに触れたことがあります。中村彰彦・山内昌之『江戸の構造改革』集英社、二〇〇四年）。

実際に、定信の厳しい寛政異学の禁（儒学統制策）を受けた佐藤一斎も、ほとんど

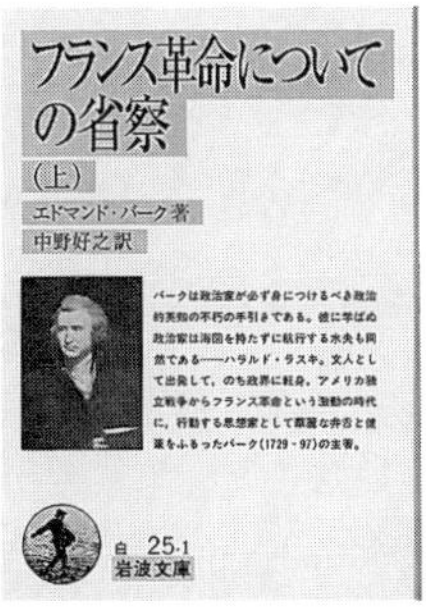

エドマンド・バーク『フランス革命についての省察』上・下（岩波文庫）

トクヴィル『アメリカの民主政治』上・中・下（講談社学術文庫）

同じことを語っています。稗官《はいかん》（小説）、野史《やし》（軍書本の類）、俚説《りせつ》（民間の伝説）、劇本（芝居の筋書）などは、みだらで下品な音曲や美人のように遠ざけるべきだというのです。自分は若いころにこうした本を好んで読んだものだが、いまとなっては「追悔すること少《すくな》からず」とまで自分を責めるのです（『言志四録』）。

私としては、あの謹直な吉田松陰（一八三〇―五九年）でさえ、下田からひそかにペリーの船に頼って渡米しようとして禁獄されたとき、無聊にまかせて『赤穂義臣伝』『三河後風土記』『真田三代記』といった通俗的な歴史物語を読んで喜んだエピソードの方にひかれるのです。しかも、「今日の読書こそ真の学問と云者なり」と真面目なところがよいのです（『講孟余話』岩波文庫、一九九九年）。

江戸時代と現代では読書の目的も効用も違います。しかし、人生や学問の糧を求めるために書物に接するという基本は変わらないはずです。松平定信や吉田松陰の時代には、読書が教養や知識を得る手段であり、人生修養のための素材でもありました。このために、人生の階梯や年齢に応じて読むべき書物が暗黙のうちに定められていました。これは、武士階級であれば、幕藩体制で大名領地に分割されていても全国で共通したスタンダードがありました。こうした点からすれば、松平定信のいう「通俗の書」を読まないどころか、インターネットやアニメーションやマンガで育った若い現代日本人の個性は際立っています。しかし、読書そのものが無上の喜びを人に与えるエンターテインメントでもあるという点では、定信や松陰の時代と現代を比較しても、

ツルゲーネフ『父と子』（新潮文庫）

『ハディース——イスラーム伝承集成』全六巻（中公文庫）

本質的には違うものではありません。しかし、この二人と現代の学生が置かれている条件には、共通面と相違面の二つがあるように思えます。

共通面は、定信や松陰らが中国の経書など古典を読んだように、現代の学生にも「古典」と呼ばれる書物に接する機会が広く与えられており、楽しみながら読むことも可能だということです。ついでにいえば、江戸時代くらいまでの日本人なら和書の様々な物語を苦もなく楽しめたに違いありません。『伊勢物語』は梅のごとくにして『源氏物語』は桜のようであり、『狭衣物語《さごろも》』は山吹のごとく『徒然草』は「くす玉につくれるはな」のようだと文学の古典を身近にいとおしんできた国民だったのですから（松平定信『花月草紙』西尾実・松平定光校訂、岩波文庫、一九九五年）。

いまの私たちにとっては、「古典を読む」といっても紀元前のギリシア哲学や平安時代の日本文学や中国の史書を読むことだけを指すのではありません。新しい時代であっても、人間の思索の深みや行動の苦悩を切開するために歴史・哲学・文学などのジャンルで取り組む上で定評のある書物は、広い意味で「古典」と呼んでも間違いではないでしょう。ここで思い出すのは紀元前六世紀にアテナイの僭主ペイシストラトス（前六〇〇―前五二七年）がホメロスの叙事詩をパピルスに書かせた逸話です。ホメロスの本を読むことが人びとにとって娯楽になったように、私たちにも娯楽となる古典の読書というものがあるはずです。

ホメロスの詩は最初の教科書となり、手習いや綴り方の教本になったと言われています。実際に、『オデュッセイア』は小説として人びとを楽しませるようになったわけです。この逸話は、いまの私たちであれば難解な紫式部の『源氏物語』でさえ、平安朝の日本人にとっては楽しくてたまらない小説だったことを想い起こさせるものです。いずれにせよ、アテナイの人びとは文字文学の徒として成長したのです。アテナイ市民の読書能力の向上は、芸術にもはかりしれない影響を与えました。いや、それだけではありません。市民の読書欲は芸術家の創作意欲をかきたて、アイスキュロス（前五二五／五二四―前四五六／四五五年）など三大悲劇詩人の名戯曲を生み出したのです。再びオーストリア出身の哲学者カール・ポパーの表現を借りるなら、書籍市場の拡大に支えられた「アテナイの文化的奇跡」こそ民主主義を発展させる原動力になったといってよいでしょう（長尾龍一他編訳『開かれた社会の哲学』未来社、一九九四年）。

双方の相違面として、現代には定信や松陰の時代になかった特性があります。それは日本人の知る文明圏がはるかに広がったことです。インターネットや電子メールで沢山の情報に接することのできる現代人であればなおのこと、限られた一部の文明や地域を知ることだけに満足する読書は避けてほしいものです。私は、学生の皆さんが英語力の向上などを通して欧米的な知を摂取する能力についてほとんど心配していません。むしろ、ほかならぬ日本の歴史や文化についての関心の不足が気になるのです。グローバリゼーションのなかで外国に身をおいたとき、私たちが聞かれることはほとんど日本のことなのです。そのときに「日本の歴史や文学は学校で習わなかった」

「大学受験に必要なかったから詳しくない」という答は、もし相手の外国人に知性がある場合には通用しないのです。

自戒の念をこめていうなら、知識人や大学教授と呼ばれる人たちにおける欧米知への偏向は現代思潮の特徴といってもよいでしょう。伊藤仁斎の子梅宇《ばいう》は漢と和の調和をめざした十八世紀初の儒学者でしたが、日本の文人が日本を中国の「靡下《はたした》」(家来)でもあるかのように思うのは、幼少年の頃から、経書などの素読さらに『史記』や『春秋左氏伝』に進み中国のことだけを耳にし目にひたすからだと述べていました。また、これは井の中の蛙が大海を知らないのと同じく、日本のことに暗い人間を育てると嘆じたのです。「一から十まで、漢土にしたがふて、本朝を軽《かろん》じ蔑《ないがしろ》に視ること、これ皆偏見陋習《ろうしゅう》」などという指摘は、「中国」や「漢土」という部分を欧米や西洋といった言葉におきかえると、いまの日本の教育や知の体系の問題点を浮かび上がらせないでしょうか(伊藤梅宇『見聞談叢《けんぶんだんそう》』亀井伸明校訂、岩波文庫、一九七六年)。

文系の学生であっても、中国や朝鮮などアジアに関わる知識に乏しいことは気になります。やや古めかしい用語をあえて使って私の希望を語るなら、和漢洋の文献にバランスをもって接してほしいということです。さらに主観的な願望をあげれば、イスラーム(回)やヒンドゥーイズム(印)に関わる豊かな文献にも接してほしいものです。和漢洋印回とは、何という古色蒼然とした考えかと訝しく思う人も多いかもしれません。しかし誰でも、ラテン語やサンスクリット語やアラビア語を勉強せよと叫ぶつもりはありません。だいたい私からして読める外国語などは本当に限られています。

しかし、私も学生の皆さんも、特別の専門を志すのでなければ、一々外国語や古典語を勉強する必要はないのです。このあたりが日本文化の素晴らしいところです。なにしろ、カエサルの戦記や預言者ムハンマドの言行録はもとより、仏典やサンスクリット文学まで、本格派の学者によるきちんとした翻訳があり、しかも文庫本でたやすく読めるのです。この点で日本の大学生は欧米の若者と比べても非常に恵まれた環境にあるといえるでしょう。また、日本に留学している外国人学生もひとたび日本語を学ぶと、世界中の古典や名作をたやすく読めるという日本語の隠れた汎用性を是非に見直し活用してほしいものです。

また大学に入った学生の皆さんに語りたいのは、教育カリキュラムのせいもあって小中学校や高校ではますます軽視されがちな古文や漢文はじめ日本語の文化世界の魅力を体系的に知る上で、大学が最後の機会になるということです。二十一世紀の日本人は、森鷗外や夏目漱石ら和漢洋の世界を自家薬籠中のものにした先人の文化的香りを誇りに思うべきでしょう。『濹東綺譚《ぼくとうきだん》』や『つゆのあとさき』を書いた永井荷風は、明治維新による近代化や産業化を伝統文化の否定とばかりに、古来からの文芸や学術を破壊してしまった薩摩や長州の下級武士団の無教養ぶりをなげいたことがあります。

荷風は、「江戸伝来の趣味性は九州の足軽風情《ふぜい》が経営した俗悪蕪雑《ぶざつ》な『明治』と一致する事が出来ず」に終わってしまったというのです（「深川の唄」川本三郎編『荷風語録』岩波現代文庫、二〇〇〇年)。荷風の次のような断定は、私たちにとって大変に興味深いものです。

現代の或批評家は私が芸術を愛するのは巴里を見て来たためだと思っているかも知れぬ。しかしそもそも私が巴里の芸術を愛したその Passion その Enthousiasme の根本の力を私に授けてくれたものは、仏蘭西人が Sarah Bernhardt に対し伊太利亜人が Eleonora Duse に対するように、坂東美津江や常磐津《ときわず》金蔵《きんぞう》を崇拝した当時の若衆の溢《あふ》れ漲《みなぎ》る熱情の感化に外ならない。哥沢節《うたざわぶし》を産んだ江戸衰亡期の唯美主義は私をして二十世紀の象徴主義を味わしむるに余りある芸術的素質をつくってくれたのである。(「伝通院」『荷風語録』)

荷風は、自分がフランス芸術を愛した情熱や歓喜の根源を、フランス人が悲劇女優サラ・ベルナールを、イタリア人がエレオノラ・ドゥーゼを好んだように、坂東美津江や常磐津金蔵を愛《め》でた心情にあったのだと自負しているのです。坂東美津江とは、かつて荷風が住んだ小石川の高台に住み一般の住民も誇りにしていた踊りの名人でした。また、常磐津金蔵は寄席で曲弾《きょくび》きをしたために家元から破門された三味線の名手で小石川の住人です。「哥沢節」とは、歌沢連という一愛好団体が上品な端唄《はうた》を歌い広めたことに由来する三味線音楽の種目にほかなりません。ついでにいえば、サラ・

ベルナール（一八四四―一九二三年）は、「リュイ・ブラ」（一八七二年）でスペイン女王を演じて評判になり、ヨーロッパとアメリカをまたにかけて活躍した舞台女優です。また、エレオノラ・ドゥーゼ（一八五九―一九二四年）は、イプセンや恋人のガブリエレ・ダヌンツィオ（愛国詩人）の作品に出演した世界でも有数の女優であり、〝ザ・ドゥーゼ〟と呼ばれた舞台役者でした。

ついでにいえば、薗八節《そのはちぶし》（浄瑠璃《じょうるり》の一派）の稽古のために薬研堀《やげんぼり》に通っていた荷風は、木挽町《こびきちょう》（東銀座）の待合《まちあい》で長唄、哥沢節、清元など道楽のあげく薗八節にたどりついた遊興仲間のヨウさん（実は企業の重役）と知り合います。その交遊模様は、名品『雨瀟瀟《あめしょうしょう》』に描かれています。荷風は、そもそも「繊弱悲哀な芸術」の三味線は、無限生きた現代の声でなく、過去の呟《つぶや》きであり、愁いある者がこれを聞けばかえって無限の興趣と感慨をもよおすと語っています（『花火・雨瀟瀟』岩波文庫、一九七九年。『雨瀟瀟・雪解』岩波文庫、二〇〇二年）。こうした骨董的な江戸情緒の愛玩に通じた永井荷風らの本に接するのも、二十一世紀日本人の知と教養のバランスを保つ上で大事ではないでしょうか。いや、むずかしく構えるには及びません。さしあたりは、楽しい気分に浸ればよいのです。

いずれにしても、平成の日本人は、明治維新このかた、西洋と東洋の知の伝統、和漢洋の教養に支えられたバランスを誇りにしてきた先達の知恵をもう少し見直してもよいのではないでしょうか。日本人は、三つの世界の知恵の比較や消化のなかで、人格のバランスを維持してきたといっても間違いありません。福沢諭吉が「スピーチ」を演説と訳し、中村敬宇が「ニューズ」を新聞、西周《にしあまね》が「フィロソフィー」を哲学と訳したのは有名ですが、他にも明治時代に欧米語から日本語に訳された「社会」「資本」「芸術」「職業」「生産」「思想」などの言葉が日本から中国に輸出されて日中共通語になったことはあまり知られていないようです。朱子学や陽明学を学んでいた日本の知識人は、その論理的思弁力によってヨーロッパの思想や用語法を理解できたのです。外国語を漢語に置き換えて、思考の枠組みを変え、重層化していく作業は、きちんとした和漢の教養があったればこそ可能になりました（村山吉廣『漢学者はいかに生きたか』大修館書店、一九九九年）。

明治期にヨーロッパ法学を輸入した先人たち、津田真道、西周、加藤弘之、箕作麟祥《みつくりりんしょう》らが法律用語を「翻訳鋳造」できた実例は、東大法学部教授だった穂積陳重《ほづみのぶしげ》（一八五五―一九五一年）の名著『法窓夜話』『続法窓夜話』（いずれも岩波文庫、一九七五年）を読めば、いくらでも見出すことができます。不精者を罵って「竪のものを横にさえしない」というが、「竪のものを横にしたり、横のものを竪にしたりするほど面倒な仕事はない」と翻訳の苦しみを語った先人の学者がいたことを忘れてはならないでしょう（「法律の学語」『法窓夜話』）。

最後に、編者から与えられたむずかしい課題、「古典の力20冊」を選ぶ作業にかからねばなりません。もちろん、誰をも納得させる選書は、どんな人間にとってもほとんど不可能な話です。私としては、学生時代に影響を受けた書物や自分の好きな本のなかから、現代の学生にも推薦したい私なりの「古典」を（できるだけ文庫本から）順不同で思いつくままに選ぶ以外に仕方がありません。二〇冊のなかに入れようとしても、地域やジャンルのバランスからどうしても入れられない本もありました。

私個人としては、政治や文学や軍事にかかわる次の書物を割愛したことが残念でなりません。中江兆民『三酔人経綸問答』（桑原武夫・島田虔次訳・校注、岩波文庫、一九六五年）、モーパッサン『脂肪のかたまり』（高山鉄男訳、岩波文庫、二〇〇四年）、石原莞爾『最終戦争論』（中公文庫、二〇〇〇年）。松平定信のいう「通俗の書」とおぼしき本が含まれているのは、教養の限界のしからしめるところとして御海容ください。また、このリストは多くの人が定番と考えるものから逸脱しています。

たとえば、『「いき」の構造』で知られる戦前の哲学者、九鬼周造は『文藝春秋』の求めに応じて、好きな書物を次のように推薦したことがあります。プラトン『饗宴』、聖フランシス『小さな花』、デカルト『方法叙説』、ベルクソン『形而上学入門』、『那《な》先比《せんび》丘経《くきょう》』、藤原浜成『歌経標式《かきょうひょうしき》』、エピクテトス『遺訓』。やはり正統的な哲学者だけのことはある選書といえるでしょう（「書斎漫筆」『九鬼周造随筆集』岩波文庫、一九九一年）。いずれにせよ私としては、「楽しみは珍しき書《ふみ》人にかり始め一ひらひろげたる時」と幕末の歌人・国学者、橘曙覧《たちばなのあけみ》（一八一二―六八年）が称《たた》えた読書の世界（水島直文・橋本政宣編注『橘曙覧全歌集』岩波文庫、一九九九年）に学生の皆さんが没入するきっかけをつくれるなら望外の喜びなのです。なお、二〇冊の書物のなかに東京大学出版会の本が一冊もないのは偶然にすぎません。

古典の力20冊

イブン＝ハルドゥーン『歴史序説』（全四巻）（森本公誠訳、岩波文庫、二〇〇一年）

河竹黙阿彌『天衣紛上野初花《くもにまごううえののはつはな》』（坪内祐三・山内昌之編『明治の文学・第二巻　河竹黙阿彌』、筑摩書房、二〇〇二年）〔『天衣紛上野初花』（歌舞伎オン・ステージ11、古井戸秀夫・今岡謙太郎編著、郡司正勝・廣末保・服部幸雄・小池章太郎・諏訪春雄監修、白水社、一九九七年）〕

福沢諭吉『文明論之概略』（松沢弘陽校注、岩波文庫、一九九五年）

荻生徂来『政談』（辻達也校注、岩波文庫、一九八七年）

マルクス、エンゲルス『新編輯版　ドイツ・イデオロギー』（広松渉編訳・小林昌人補訳、岩波文庫、二〇〇二年）

トゥーキュディデース『戦史』（全三巻）（久保正彰訳、岩波文庫、一九六六〜六七年、復刊二〇〇五年）〔トゥキュディデス『歴史』（全二巻）（西洋古典叢書G12・31、第一巻・藤縄謙三訳、第二巻・城江良和訳、京都大学学術出版会、二〇〇〇・〇三年）〕

キケロー『友情について』（中務哲郎訳、岩波文庫、二〇〇四年）

『唐詩選』（全三巻）（前野直彬注解、岩波文庫、二〇〇〇年、ワイド版二〇〇一年）

佐藤一斎『言志四録《げんししろく》』（山田準・五弓安二郎訳注、岩波文庫、一九三五年）＊品切〔『言志四録』（全四巻）（川上正光全訳注、講談社学術文庫、一九七八年）〕

『バガヴァッド・ギーター』（上村勝彦訳、岩波文庫、一九九二年）

トマス・E・ロレンス『知恵の七柱』(全三巻)(柏倉俊三訳、平凡社東洋文庫、一九六七〜七一年)
モンテーニュ『エセー抄』(宮下志朗編訳、みすず書房、二〇〇三年)〔『エセー』完訳⇩四〇頁〕
根岸鎮衛《やすもり》『耳嚢《みみぶくろ》』(全三巻)(長谷川強校注、岩波文庫、一九九一年)＊品切〔『耳袋』(1・2)(鈴木棠三編注、平凡社ライブラリー、二〇〇〇年)／『耳袋の怪』(『耳嚢』から怪異譚を抽出した抄本)(志村有弘訳、角川ソフィア文庫、二〇〇二年)〕
中田薫『徳川時代の文学に見えたる私法』(岩波文庫、一九八四年)＊品切
ボズウェル『ジョンソン博士の言葉』(中野好之訳、大人の本棚、みすず書房、二〇〇二年)
劉知幾『史通』(全二巻「内篇」「外篇」)(西脇常記訳注、東海大学出版会、一九八九・二〇〇二年)
エドマンド・バーク『フランス革命についての省察』(上・下)(中野好之訳、岩波文庫、二〇〇〇年)
トクヴィル『アメリカの民主政治』(上・中・下)(井伊玄太郎訳、講談社学術文庫、一九八七年)
ツルゲーネフ『父と子』(工藤精一郎訳、新潮文庫、一九九八年)
『ハディース――イスラーム伝承集成』(全六巻)(牧野信也訳、中公文庫、二〇〇一年)

【付記】本稿は、ほぼ同時期に出された小著『鬼平とキケロと司馬遷と』(岩波書店「グーテンベルクの森」シリーズ、二〇〇五年三月)の一部と共通する表現や内容があります。読者の御海容を仰ぐものです。

COLUMN

ギャグと駄洒落の楽しみ

小森陽一

『吾輩は猫である』は、「漱石」という筆名におけるデビュー作で、いまから百年前、日露戦争二年目の年の一九〇五（明治三八年）に、俳句雑誌『ホトトギス』に発表された小説です。

日本語には存在しないBe動詞構文の翻訳文体である題名それ自体が、大きなインパクトを持っていたようで、以来「吾輩は○○である」という本が何冊も出版されました。猫の視点から人間の世界を諷刺的に批判したこの小説で、戦争報道にうんざりしていた同時代の読書界において、漱石は、一躍人気作家になります。

『吾輩は猫である』は当初一回読み切りのはずだったのですが、あまりの人気の高さに全十一回の連載になりました。一回として同じ方法が用いられることはなく、一回一回まったく異なった小説の方法になっています。近代小説の主要な方法が全部入っていると言っても過言ではありません。

また日露戦争に至るまでの、近代の日本の「文明開化」「富国強兵」路線に対する諷刺的批判も多く書きこまれており、歴史的事象を一つひとつ確認していくと、批判的日本近代史を再構成することもできます。

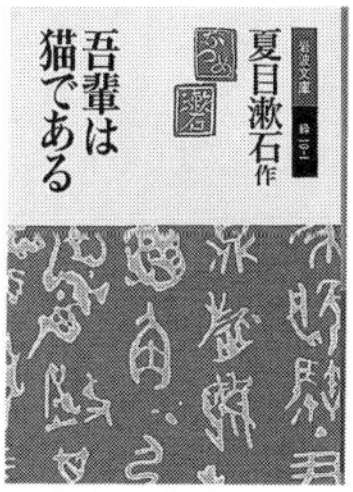

夏目漱石『吾輩は猫である』（岩波文庫）

やはり一番の楽しみは、古今東西の文明文化に対する漱石的博識を駆使してくりだされる、ギャグと駄洒落の謎解き的解読にあります。『吾輩は猫である』の執筆と並行して進めていた『文学論』で、漱石は音の類似による言葉の重なりを、全く異質な世界を瞬時にショートさせる技法として高く評価しています。笑いの言語能力を鍛えて下さい。

COLUMN

「紛争」と人々

遠藤貢

人間社会は、さまざまな「紛争」を抱え込んだ社会である。その「紛争」を制御するために、例えば法律という形で制度形成がなされてきた。しかし、依然として新たな「紛争」が生み出され続けている。とりわけ冷戦終結後には、世界各地（とりわけアフリカ）で、武力を伴った「紛争」が激しく戦われてきた。そして、これまで国際社会はこの「紛争」に十分有効な対応を行いえていない。しかも、この「紛争」においては、領民の安全を守ると想定されている国家が、その領民を殺戮する事態も生じている。これは一体どういうことなのだろうか。また、こうした状況下で人々はどのように生きているのか。そして、傷ついた社会、人間関係の再生（和解）はいかに可能なのだろうか。

栗本英世『民族紛争を生きる人びと』は、外からは見えにくいアフリカでの「紛争」を生きる人々の生き様を、長期のフィールド調査を踏まえて丹念に描いている。こうした「紛争」への対応のキー概念として注目を浴びる「人間の安全保障」とそれに基づく諸政策をめぐっては、人間の安全保障委員会報告書『安全保障の今日的課題』が、包括的に問題を整理している。また、「紛争」そのものからはやや離れるが、人間社会における関係構築に関する視角として「信頼」を中心にすえ、「社会関係資本」（ソーシャル・キャピタル）の意味を描いた山岸俊男『信頼の構造』も社会のあり方に興味深い含意を持つ。いずれにせよ、人間社会における「紛争」への対応は、想像力と構想力を必要とする絶えることの無い作業なのである。

栗本英世『民族紛争を生きる人びと』（世界思想社，1996 年）

2 自然科学の新しい〈常識〉

石浦章一
兵頭俊夫

科学的なものの考え方

「自然科学の新しい〈常識〉」と称するからには、読んだら文系の方でも私くらいの常識が備わるものでなくては困る。となると、この非常識な社会を一刀両断するほどの筆力と、科学の宣教師と呼ばれるほどの易しい論理でたたみかけるものが必要である。出番はこの人たちしかない。『悪魔に仕える牧師』(リチャード・ドーキンス、早川書房、二〇〇四年)は、なぜ科学には神が必要ないのか、宗教を盲目的に信じる社会には科学が発達しないという、ごく当たり前の事実を私たちの前に提示し、進化論ですら信じられない人が半数以上いる社会が科学を牛耳っている現実を皮肉に解説する。

ドーキンスはまた、「代替医学」とは、検証できないか、検証されることを拒否するか、あるいは一貫して検証に失敗する一連の実践、と喝破する。そもそも科学的検証によって効果があることが実証されれば、もはやそれは代替医療ではなくなる、という彼の意見は正しい。この代替医療を、臨床カウンセリングと書き換えても状況は同じであることは論を俟たないだろう。衰退の瀬戸際にある科学もあるということを知るのも大切なことである。大学一年生には、ちょっと小難しいかもしれないが、正しいことを学ぶというのはどういうことかを知ることができる。

　科学の話を書かせたら当代随一のエンターテイナーの書も、読むべきものである。残念ながら亡くなってしまったが、スティーヴン・ジェイ・グールドの代表作『ワンダフル・ライフ』（早川書房、二〇〇〇年）は、一級の推理小説を読むような面白さと、ドキドキ感がたまらない。先カンブリア紀に爆発的に地球上（海中）に生まれた生物群の化石から、昔の姿が浮かび上がる過程には、科学者と科学の進め方の本質を見て取ることができる。結局、グールドや他の研究者が再現した生命体の一部の姿は誤りだったことが後にわかったが、それをあげつらうのは本末転倒で、上質の科学エンターテインメントがいかに多くの人を科学に誘うかを考えるべきだろう。グールドのエッセイは、どの一編を読んでも想像が膨らんで、ゆったりとした気持ちになる。

　もう一人、科学の番人マーティン・ガードナーのことを忘れてはいけない。彼は、長い間、世界の一般科学雑誌の最右翼に位置する『サイエンティフィック・アメリカ

リチャード・ドーキンス『悪魔に仕える牧師――なぜ科学は「神」を必要としないのか』（早川書房）

S・J・グールド『ワンダフル・ライフ――バージェス頁岩と生物進化の物語』（早川書房）

ン』誌で数学ゲームを連載していた。世界中の若者が彼の出題する小問を考え、次号を楽しみにしていた。今大学の理系の先生で彼の名前を知らない人はいないはずで、本棚には必ず彼の数学ゲーム本があると思う。そのガードナーがもう一つ心を注いだのは、疑似科学追放キャンペーンである。『奇妙な論理』Ⅰ・Ⅱ（現代教養文庫、二〇〇三年）は、超自然現象・超能力がいかにして人々の中に浸透して行き、ブームが際限なく繰り返されるのかを分析し、インチキを見破るコツ、だまされやすい人、などについて述べている。有機農業、酵母エキス、何とかダイエット、などは忘れた頃に新しい装いで登場し、そのつど新しい客がだまされる。いいかげんなものには、だまされてはいけないのであるが、実はそれを見破り事実を知らせるには常人の筆力では不可能なのである。このようなことを彼が半世紀も前から続けているという事実は、あのチョムスキーが「ガードナーの現代知的文化への貢献は、きわめて偉大である」、と評していることからもわかる。

科学の歴史

いろいろなところで、歴史は繰り返されている。科学の創世記の頃、科学者はどう考え、どう行動したかを知ることは、私たち二一世紀の科学の時代に暮らすものにとって、決して無駄なことではない。その最適な本の一つが、ポール・ド・クライフの『微生物の狩人（上・下）』（岩波文庫、一九八〇年）である。この中にあるパスツール

マーティン・ガードナー『奇妙な論理——だまされやすさの研究』Ⅰ・Ⅱ（現代教養文庫）

やコッホの話を読んで何も感じなかったら、君は科学者になる素質はない、といってもいいだろう。この書は、顕微鏡観察を最初に行ったレーウェンフックから魔法の弾丸サルバルサンを発見したエールリッヒまで一二章からなり、すべて発見の物語である。新しい発見は本人の努力のたまもの、ということが身にしみてわかる。[本当は、絶版になった『エピソード科学史（全四冊）』（現代教養文庫）を読むといいのだが（なぜかこの本は家のトイレに常備してあった。誰が置いたかわからない）、これは古本屋で探してもらうしかない]。

物理学について、このような本はないのだろうか。『電子と原子核の発見』（スティーブン・ワインバーグ、日経サイエンス社、一九八六年）は、まさにこのような書物で、偉大な学者たちが物質の究極の要素をいかに追い求めたかを書き綴った良書である。ノーベル賞受賞者である著者の大学での講義ノートの中にある素粒子の発見の部分が元らしいが、全く講義のにおいはしない。本書の特徴はもちろん、理論は実験によって実証されるという圧倒的事実で、ちょっとした計算（一、二行）が物理の基本であることがよくわかる。ワインバーグが言う「自然のしくみ（物質の究極の組成）を解明し、それを記述する基本原理を理解する」ことに興味があるなら、是非この本をお読みになって究極の世界に思いをはせることだ。

心理学の書物を紹介することも必要だろう。この学問は、もはや文系のものではなく、脳科学なしには発展は望めない。教科書以外に推薦できるもの、心理学が概観で

スティーブン・ワインバーグ『電子と原子核の発見——20世紀物理学を築いた人々』（日経サイエンス社）

きるもの、というのは意外に少ない。親子の著書である『マインドウオッチング』（ハンス・アイゼンク、マイケル・アイゼンク、新潮選書、一九八六年）はそのような書の一つで、心理実験、遺伝と環境、親子、感情、忘却、犯罪、教育、パーソナリティーなど心理学で扱う数々のトピックをまとめてある。古典的心理学というのは宗教のようなもので批判が許されないものも多かったが、脳科学・分子生物学の発展によって科学的な内容に取って代わられてはいるものの、現在は過渡期といってもいいだろう。このアイゼンク父子の書は、時代的には脳について脳波など古典的なものしか入っていないが、科学の目から見た心理学という大切な視点から書かれているので読みやすい。もちろんここで、この対極に位置する『ユング心理学入門』（河合隼雄、培風館、一九六七年）を紹介しなければフェアーとはいえまい。同著者の最近のどうでもいいような対談に比べて、この本はそれなりにしっかりと書かれ、読むに耐えるものである。実は、夢という作り話から治療者が分析という名で勝手にこれも作り話をでっち上げる過程を科学と詐称する時代もあったということなのだが、現在でも少ないながらもこれを信じる人がいるという現実をどう考えるかを、大学生の皆さんに尋ねたいから二〇冊のなかにあげた。

過去を振り返ることも重要なら、時代の先端を読むことも大切である。月刊で出版される『日経サイエンス』誌は翻訳が主であるが、各トピックの著者がその分野の第一人者であることが多く、科学の今がよくわかる。科学を志す人にとっては必読であ

河合隼雄『ユング心理学入門』（培風館）

り、そのことは私が大学生であった三〇年前も同じであった。シャープな感性は、他分野を勉強することで磨かれるものだが、この雑誌は真にその任を果たしている。ここでもう一つ違う分野で時代の先端を読むものを挙げろと言われれば、月刊『ナショナル・ジオグラフィック』しかない。ここにも世界の現状がいろいろな面で生々しく紹介されているが、加えて最先端の科学記事が掲載されていることが多い。前者と違って、ここではライターが書いているために、環境問題や生命分野でも理解しやすいのである。新刊を持ってベッドに入る、これが至福の時である。

石弘之『地球環境報告』(岩波新書)

近くの現実を凝視する

科学の発展は私たちに便利な社会をもたらしてくれたが、一方ではとんでもない禍根を残すことにもなった。石弘之の『地球環境報告』(岩波新書、一九八八年)は、人類の発展と地球生態系の破壊がともに進行する過程を描いていて、全体像をつかむにはとてもよい本である。この本の出版当時、地球上の二酸化炭素濃度は〇・〇三六%となり四捨五入すると昔の教科書の〇・〇三%から〇・〇四%になると大騒ぎだったのが、今では〇・〇三八%になろうとしている。温暖化はどんどん進み、極の氷が解けて海面上昇の危機が叫ばれているが、このような警鐘を鳴らしたのが本書である。都市のスラム化、消える熱帯林、砂漠化、食糧問題、環境汚染など、当時の懸念が現実のものになっている状況は、もう一度読み直すことを私たちに呼びかけてくれる。

学問は机の上で沈思黙考することで成就する、というものではない。フィールドに出て空気のにおいを嗅ぎ、生き物の息吹を感じることが重要なこともある。『熱帯雨林』（湯本貴和、岩波新書、一九九九年）はそのようなものの一つで、読み終わって林冠という言葉が奇妙に頭に残った。サルを追ってアフリカに暮らす学者、カエルの発生を辛抱強く観察する学者、極の氷から太古の気候の変動を推定する学者、砂漠の化石から動物の生活を再現する学者たちは、皆この類であろう。ここには生物の多様性という最近のキーワードに沿ったいくつもの例がある。本当は私たちのすむ地球の未来のために、生物多様性の崩壊が地球環境を破壊すると唱えるエドワード・O・ウイルソンの『生命の多様性Ⅰ・Ⅱ』（岩波現代文庫）や『生命の未来』（角川書店）などを読んでほしいのだが、大学生の皆さんにはまず、『熱帯雨林』で頭のギアを全開にしてもらいたい。

『リスクセンス』（ジョン・F・ロス、集英社新書、二〇〇一年）も、同様の書である。身の回りのリスクを計算するという新しい発想を、この科学ライターはわかりやすくまとめてくれる。シートベルトをする方がしない人より死亡率が低い、という百万人単位の単純なデータからシートベルト着用が決まった例から、狂牛病になりたくなければ（リスクを回避したければ）、肉を食べないことしかリスクを回避する手段はない、ということまで、数多くの例がリスクセンスの考え方を補強してくれる。私を含めて多くの科学者が述べている、戦争や危険に対する考え方も遺伝子が決めているの

湯本貴和『熱帯雨林』（岩波新書）

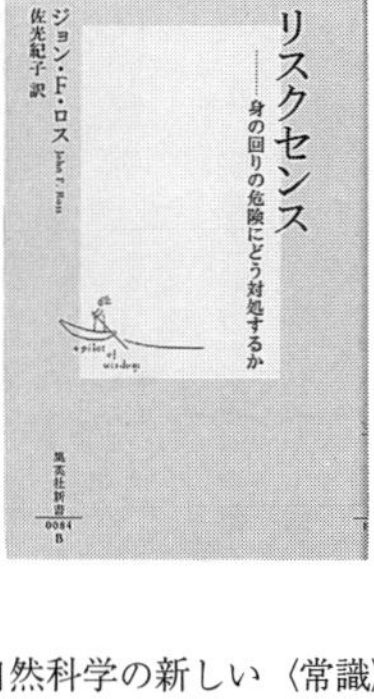

ジョン・F・ロス『リスクセンス——身の回りの危険にどう対処するか』（集英社新書）

ではないか、という最近の説の解説もあり、人間皆同じ、という従来ののほほんとした楽観論を切り裂く、あの「パラダイムの変換」の実例がここにはある。

『医療の倫理』（星野一正、岩波新書、一九九一年）は、バイオエシックスと従来の医療の狭間で著者たちが新しい医療倫理を作り出す様が描かれている。倫理というのは価値観であって、当然、時代によって様変わりするものである。法律のように十年一日のごとく、過去の判例によってのみ決定されるものとは性質が異なる。医学（わけ）のわからない人に私たちの医療の倫理を任せるわけにはいかないのである。

気がつくと、周りはすべてコンピュータ、という時代がきてしまった。ケイタイを買ったが一ヶ月に二回しか使わなかったために返却した私のような人間には、もう、居場所がなくなりつつある。『人工知能と人間』（長尾真、岩波新書、一九九二年）は、コンピュータができること、人間の知能の範囲、認識、理解、言語、などについて淡々と語っている。新しい難題に出会ったときに、人間は、なぜコンピュータのようになんでもすべて計算するのではなく、あれはだめ、これはOK、とすぐに判断して答を導き出すことができるのか、という疑問は、経験（脳科学では、ワーキング・メモリーという概念）によって解決していると説明されているのだが、確かにそんなことは考えてもみなかった。画像認識などは人間の得意分野だが、コンピュータがどこまで肉薄できるのか、この入門書を読んで考えるのは無駄ではないはずである。

星野一正『医療の倫理』（岩波新書）

科学に酔う

ところで私は、ダグラス・ホフスタッターの『メタマジック・ゲーム』（白揚社、一九九〇年）の

次の自己言及文「この文には、1が□回、2が□回、3が□回、4が□回出る」の□のところにアラビア数字を入れて正しい文にせよ（正解は最後）

などという問題を見てじっと一五分固まるような人が好きだ。役に立たないこともある、という科学の現実に圧倒されるからである。この八〇〇頁近くある情報科学者のエッセイは、同著者の評判本『ゲーデル・エッシャー・バッハ』（白揚社）より面白くとっつきやすい。しかし、これを読み通すことのできる大学生は、もはや絶滅したのではないだろうか。

一つだけ、この「科学に酔う」というところで学問上の恩師の一人の名著を挙げることを許していただきたい。今回推薦した書物は、すべて個人的に知っている人のものではないからである。古い昔、私は本学の教養学部基礎科学科に進学したが、どの方向に進むかはまだ決めかねていた。あるとき、風采の上がらない先生（申し訳ありません）が集中講義に来られ、とつとつと科学の発見のいきさつを語った。外国との

D・R・ホフスタッター『メタマジック・ゲーム――科学と芸術のジグソーパズル』（白揚社）

競争の激しさに私たちは驚き、仲間意識と反発に啞然とし、そして日本独特の科学を発展させようという先生の強い意志に感銘を受け、生化学をやりたい、と思うようになった。一人の教師の力は、人間の進路を決めるほどのものであることを知った。丸山工作の『生化学の夜明け』（中公新書、一九九三年）は、発酵のなぞを追った科学者たちの夢と現実を語ったものであり、筋肉学を日本で発展させた著者ならではの力作である。大学一年生で習う生化学の教科書にもなり、教員のアンチョコにもなるという二度おいしい書で、生命科学者になる方は学生のときと教員になってからの二回読むことになるだろう。これも著者はすでに亡くなっており、今の大学生の方はあの名調子が聞けないのが残念であるが、これだけは私では真似ができないのである。

もう一つ、本を開く回数が一番多かったものは何かと問われると、『生物進化を考える』（木村資生、岩波新書、一九八八年）を挙げざるを得ない。進化の中立説を唱え学界に大反響を巻き起こした著者は、本書でわかりやすくその真髄を伝えてくれる。突然変異はランダムに起こるという仮定から出発しているので、論旨を理解するために当然数式が出てくるのだが、これだけは何度読んでもすぐ忘れてしまうので、どのページを見ても新鮮な感動が湧き上がってくる。当時より分子生物学が進歩して、遺伝子の分野や細かいデータには変更の余地があろうが、それを補って余りある学識と何よりもわかりやすい書き方が新鮮である。大学生になったんだ、という感動がここにある。

木村資生『生物進化を考える』（岩波新書）

半信半疑で読む

この欄は私の趣味で読み感激したものを紹介するが、専門家はもっと同分野で適切なものがあると言うかもしれない。私の本棚には、理系一般書の代表であるブルーバックスがいくつもあるが、どれかを推薦しろと言われると迷う。その中で『いつ起こる小惑星大衝突』(地球衝突小惑星研究会、講談社、一九九三年)は何人かの学者の共著だが、恐竜が絶滅した原因と考えられる天体衝突の話から始まり、将来起こるかもしれない小惑星と地球の衝突の話をメーンに据えて、なかなか読み応えがある。中生代と新生代の境界の地層から見つかったイリジウムの話から惑星衝突説が提出された経緯は、二〇世紀の科学物語のベストテンにはいるものだろう。本当は同僚の書いたもっと専門的な良書もあるのだが、インパクトの点でこれを推薦した。

インパクトという点なら『コンクリートが危ない』(小林一輔、岩波新書、一九九九年)もこれに勝るとも劣らない。本来は、数十年耐久性があるはずのコンクリートがぼろぼろ剝げ落ちている原因を追究し、欠陥セメントや工事の手抜きがその原因と指摘する著者の、「二〇〇五から二〇一〇年にかけて、ビル、高架、堤防、水道などのコンクリート構造物が一斉に壊れ始める!」というキャッチフレーズは、どうして？という疑問とともに、本を読みたいという意欲を持たせるには十分である。もちろん私は、この欄に挙げた書物の内容を全面的に信じているわけではなく、むしろ「狼が

小林一輔『コンクリートが危ない』(岩波新書)

来る」という話には懐疑的な方なのだが、これらを知らないで一生を終えるのはきっと貧しい人生になるだろうなあ、という思いから推薦しているのである。

もっと他にないかと本棚を探したら、あったあった、『現代たばこ戦争』（伊佐山芳郎、岩波新書、一九九九年）を忘れていた。二〇歳過ぎて物事の理をわきまえた大人がたばこを吸いながら健康を議論するなんて信じられないが、ニコチンの常習作用を知っているものにとっては、この状況は黙視できないものがある。ニコチンは、私たちの思考を司るアセチルコリンという物質の代わりに作用するので、短期的に集中力が増すのだ。大量のニコチンは近くにある神経からドーパミンという物質を分泌させ、これが常習に結びつく。

しかし、たばこが止められないのは、単に本人の脳の問題だけではなく、頭の回転の足りない若者を標的に販売を行ってきた企業に責任がある、と激しく追及する著者の迫力を、是非、共有して欲しい。本書の推薦で一人でも若者がたばこの誘惑から逃れ、我が国の平均寿命が延びることを、心から望んでいる。

伊佐山芳郎『現代たばこ戦争』（岩波新書）

遠くの未来を望む

私たち人間は世界を制覇し、宇宙にも旅立とうとしている。人類はこれからどのような道を歩むのだろうか。私たちに取って代わる新しい人類はどのようなものになるのだろうか。その前に、私たちのルーツを探るのも大切なことである。『モンゴロイ

ド の道』（科学朝日編、朝日選書、一九九五年）は、その意味で大変貴重な本で、実にわかりやすく人類が辿った道を知らせてくれる。もちろん化石や住居跡のような文化人類学的な証拠だけではなく、遺伝子、言語、食料など多方面からの解析によって、絵に描いたように人間が辿った道が見えてくる。ところで、未来の人間は私たちについてどのような人類だったと判定するのだろう。

最後はもちろん、私たち人間の本質について論じた書である。それは何かというと、意識そのものである。とすれば、意識を標的にその発生メカニズムにチャレンジする科学者がいてもいい。『DNAに魂はあるか』（中原英臣訳、講談社、一九九五年）の著者フランシス・クリックは、ワトソンとともにDNAの構造を初めて明らかにした構造生物学者であるが、二〇世紀の終わりには脳科学に転進し、本書で視覚を材料に意識解明に至る一部始終をわかりやすく解説したものである。わかりやすいといってもそれはうわべだけで、内容はとても濃いのだが、二〇世紀の知性と言われる人がこのような一般書を書くことができることに驚く。もちろん本書全体にクリック一流の仮説がちりばめられており、正しいかどうかはまだ分からないのだが、このような仮説をひねり出す八〇歳の頭脳に若い皆さんは対抗できるだろうか。

生命科学関係では、ジェームス・ワトソンが書いた『二重らせん』を推す人が多いが、私はちょっとしたいざこざや自慢を書いた本より、こちらの方を推薦したい。私がアインシュタインやジョン・レノンと同じ空気を吸っていたと同様、大学生の皆さ

科学朝日編『モンゴロイドの道』（朝日選書）

んはワトソンやクリックと同じ時代を生きていたことを誇りに思うときが、きっと来るだろう。

［正解。四角の中には、2、3、2、1か3、1、3、1が入る。二つ答が出なかった人は失格。うちの大学生に、答が二つあると言わないで出題したことが何度かあるが、今まで正解は一人もいない。］

推薦する20冊

リチャード・ドーキンス『悪魔に仕える牧師——なぜ科学は「神」を必要としないのか』（垂水雄二訳、早川書房、二〇〇四年）

スティーヴン・ジェイ・グールド『ワンダフル・ライフ——バージェス頁岩《けつがん》と生物進化の物語』（渡辺政隆訳、早川書房、二〇〇〇年）

マーティン・ガードナー『奇妙な論理——だまされやすさの研究』（Ⅰ・Ⅱ）（市場泰男訳、現代教養文庫、二〇〇三年）

ポール・ド・クライフ『微生物の狩人』（上・下）（秋元寿恵夫訳、岩波文庫、一九八〇年）
＊品切

スティーブン・ワインバーグ『電子と原子核の発見——20世紀物理学を築いた人々』（本間三郎訳、日経サイエンス社、一九八六年）

ハンス・アイゼンク、マイケル・アイゼンク『マインドウオッチング——人間行動学』（田村浩訳、新潮選書、一九八六年）＊品切

河合隼雄『ユング心理学入門』（培風館、一九六七年）

石弘之『地球環境報告』(岩波新書、一九八八年)
湯本貴和『熱帯雨林』(岩波新書、一九九九年)
ジョン・F・ロス『リスクセンス――身の回りの危険にどう対処するか』(佐光紀子訳、集英社新書、二〇〇一年)
星野一正『医療の倫理』(岩波新書、一九九一年)
長尾真『人工知能と人間』(岩波新書、一九九二年) ＊品切
D・R・ホフスタッター『メタマジック・ゲーム――科学と芸術のジグソーパズル』(竹内郁雄・斉藤康己・片桐恭弘訳、白揚社、一九九〇年)
丸山工作『生化学の夜明け――醗酵の謎を追って』(中公新書、一九九三年) ＊品切
木村資生『生物進化を考える』(岩波新書、一九八八年)
地球衝突小惑星研究会『いつ起こる小惑星大衝突――恐竜絶滅と人類の危機をさぐる』(講談社ブルーバックス、一九九三年) ＊品切
小林一輔『コンクリートが危ない』(岩波新書、一九九九年)
伊佐山芳郎『現代たばこ戦争』(岩波新書、一九九九年)
科学朝日編『モンゴロイドの道』(朝日選書、一九九五年)
フランシス・クリック『DNAに魂はあるか――驚異の仮説』(中原英臣訳、講談社、一九九五年) ＊品切

〔石浦章一〕

ディシプリンの力

学問とは何だろうか。私流に定義すると「この宇宙に存在する物質や生物や人間、およびそれらにまつわって生じる森羅万象について、人間の脳が理解できる形で説明しようとする営み」である。人間の脳は万能ではないから、この目的のためにはさまざまな異なるディシプリン（学問分野）からのアプローチが必要である。それゆえ各ディシプリンの基礎が教養教育の主要部分を占めているのは意味がある。たとえば、私の専門である物理学は、自然界に存在する物の成り立ちと性質を観察と実験に基づいて調べ、なるべく少数の基本的な法則で説明し、かつその説明に数学を利用する、という特徴を持つ。これらの特徴は、自然現象の探究が自然哲学と呼ばれていた時代には重視されておらず、ケプラー、ガリレオ、デカルトらを経て、ニュートンの「プリンキピア」（力学）の偉大な成功によって付与されたものである。この特徴を追求する中で、物理学の対象は自然哲学より狭くなったが、一方で、より深い自然の理解と幅広い応用に必要な厳密性を獲得した。自然哲学の残りの分野は、他のディシプリンがカバーしている。物理学が基本法則を解明しても、それで多様な自然の様相の説明が十分にできるわけではない。全てのディシプリンがそれぞれ重要な役割を持っているのである。このため、それぞれの基礎を幅広く専門家から直接学ぶことが、社会における貢献の幅の広さを助けることになる。

一方、ある学問分野における基礎訓練が、全く別の分野の問題解決に役に立つこともある。イスラエルの（元）物理学者エリヤフ・ゴールドラットのフィクション『ザ・ゴール』（三本木亮訳、ダイヤモンド社、二〇〇一年）は、物理学的な考え方がビジネスに応用できることを教えてくれる。本書は著者が開発したTOC（Theory of Constrains＝制約条件の理論）の紹介のために書かれたビジネス書であるが、企業内の人間関係や仕事人間が直面する離婚の危機なども盛り込まれており、ビジネス小説と呼んでも間違いではない。原著は一九八四年に米国で出版されたベストセラーだが、著者が貿易摩擦の再燃を恐れて日本語版の出版を一五年以上許さなかったという曰く付きの書物である。赤字を続ける工場の工場長アレックス・ロゴ（物理学科出身）は、本社から、三ヶ月以内に黒字化しなければ工場を閉鎖すると通告され、途方にくれていた。そんなある日、出張途中の空港で物理学者の恩師に偶然再会する。恩師は、工場の現実を直視すること、工場の目標は何であるかを正しく認識できてから問題に対処すること等をアドバイスする。アレックスはその後も恩師のアドバイスを受けながら、原料から製品まで生産ラインを解析し、問題となるボトルネックを見いだす。また、経理についても、通常の原価計算方式に対して常識に囚われない見方をすることにより問題の本質を見いだし、全精力を傾けて、工場を再建する。本書を単に生産性向上のための参考書としてのみ読むのはもったいない。もっと深く、物理学的手法のビジネス現場への適用の物語として読めば、組織の真の目標をまず把握することの重

エリヤフ・ゴールドラット『ザ・ゴール――企業の究極の目的とは何か』（ダイヤモンド社）

要性の指摘など、さまざまな問題に対する解決のヒントが得られる。

ガリレオが「自然の書は数学の言葉で書かれている」と言ったことはよく知られているが、自然を支配する根本法則が数学で表せるというのは、考えてみると不思議なことである。物理学は数学と極めて深い関係を持つことによって飛躍的な発展をしてきたので、数式を使わないで解説するのは易しいことではない。結果の知識だけを与える書物を読んでも、雑学が身に付くだけである。雑学は教養ではない。これに対して、教養を与える書物は、数式を用いて表される物理学の真意を数式を使わずに伝える。そのような良書として、一九六五年にノーベル物理学賞を受賞した三人のうちの二人、リチャード・ファインマンと朝永振一郎の著書を挙げたい。ファインマンの本は“Six Easy Pieces”(Richard Feynman, Penguin Books, 1998)である。これは、彼がカリフォルニア工科大学の学部一、二年生向けに行った講義をもとにまとめた名著『ファインマン物理学』の原著第一巻一～四章、七章と第三巻第一章をペーパーバックに集めたものである。『ファインマン物理学』には全巻の和訳(岩波書店)もあるが、このペーパーバックで、数式をほとんど含まない導入的な内容の数章を、原著そのままに読むことができる。本書が雑学書と違うところは、たとえばエネルギーを扱った第四章に見ることができる。雑学書は、エネルギーにはさまざまな形態があること、そしてそれらは互いに変換することを知識として教える。これに対して本書は「エネルギーが何であるかは誰も知らない」と明言する。さらに、それぞれのエネルギーは

Richard P. Feynman, *Six Easy Pieces* (Penguin Books)

式によって量を計算できなければならないことに注意を喚起する。これらはともに本質的に重要な指摘である。その上で、エネルギーがどのような性質を持ち、それが「保存する」とはどういうことかを、たとえを使って丁寧に解説する。これを読んでもつかみ所がない感じがするかもしれない。しかしその理解のままで、専門家と会話してみよう。「誰も知らない」エネルギーについて、少なくともその「保存」については、専門家と同じレベルの理解が得られていることに気づくだろう。

　朝永振一郎の著書『物理学とは何だろうか（上・下）』（岩波新書、一九七九年）は、歴史をたどりつつ物理学の本質が何であるかを伝える。朝永先生はよく「まず物理学そのものを学びなさい。物理学の歴史は物理学とは別物である」と言っておられたと先輩の教授から聞いたことがある。朝永の名著『量子力学』（みすず書房）は量子の発見の「歴史的」記述で始まっているので、これは奇妙なことだと思っていたが、大学で教える立場になって読み返し、同書の記述は量子についての正しい理解を与えるが、歴史的な事実を述べてはいないことに気づいて納得した。朝永先生が晩年になって今度は歴史を正確にひもときながら物理学を解説したのが本書である。「量子力学」の第一章と重なる量子の発見の話に入る前で、著者が亡くなってしまったので、その部分の記述を読むことができないのはとても残念である。

　最後に、理系の学生の必読書であるが故に意欲ある文系の学生にも手に取ってみてもらいたい書物として『物理学序論としての力学』（藤原邦男、東京大学出版会、一九八

朝永振一郎『物理学とは何だろうか』上・下（岩波新書）

藤原邦男『物理学序論としての力学』（東京大学出版会）

四年）を挙げておこう。本書は、ロマンチストであった私の恩師、藤原先生が精魂を傾けて著した力学の教科書である。大学レベルの本格的な教科書であるから、文科系の人には少々骨だろうが、「古典力学の生い立ち」と題された第一章第一節は全ての人にすすめられる。それは西洋占星術における誕生日の星座の解説から始まる。例えば一月一日生まれの人はやぎ座である。「やぎ座は一月一日に太陽が訪れている星座なのでその日の夜空には出ていない」という説明を聞いたことがある人もない人も、それがどういう意味であるかを知ることができる。それに続いて本書では、ニュートンが力学を作り上げるための土台とした、それまでの観測やニュートン自身の観測・実験と、完成された力学がバランスよく述べられており、物理学の最も基本的な分野の内容とともに、学問を作るとはどういう営みであるかを学ぶことができる。

推薦書

エリヤフ・ゴールドラット『ザ・ゴール——企業の究極の目的とは何か』（三本木亮訳・稲垣公夫解説、ダイヤモンド社、二〇〇一年）
Richard P. Feynman, *Six Easy Pieces : Fundamentals of Physics Explained* (Penguin Books, 1998)
朝永振一郎『物理学とは何だろうか』（上・下）（岩波新書、一九七九年）
藤原邦男『物理学序論としての力学』（基礎物理学1、東京大学出版会、一九八四年）

〔兵頭俊夫〕

C　O　L　U　M　N

「自省の能」

岡本和夫

中央公論社『日本の名著36　中江兆民』から「続一年有半」を拾い読みした。「自省の能」から引用する。自省の能とは「自分が今何をしつつあるか、何を言いつつあるか、何を考えつつあるかを自省する能力」をいい、「自省の能力の存否こそ、まさに精神が健全であるか否かをしらべるべき根拠」で、「われわれはこの自省の能力があるからこそ、自分がなしたことの正か不正かを自知する」とある。自分なりにこれを精神の独立の証明と見る。

自分で決めて、自分で実行つまり調べたり考えたりして、結果については自分で責任をとる。これが自由であることの保証だから、数学はまったく自由な学問である。だから数学をしているときは反省ばかりしていることになる。これを数学との関わり方にまで一歩進めて自省する。若い時分は数学だけで十分生きていけるがだんだん世の中との関わりが深くなってくると自らの自省の能力を試し深める必要が増してくるというわけである。「元来私の教育主義は自然の原則に重きをおいて、数と理とこの二つのものを本にして、人間万事有形の経営はすべてソコカラ割り出していきたい」とは福沢諭吉（『福翁自伝』）の言であるが、彼はまた西洋と比較して「東洋になきものは、有形において数理学と、無形において独立心と、この二点である」とも言う。時代背景は別として現代は大丈夫かと自省する。「凡そ一國学術の独立は先づ外国語によらずして其奥堂にまで達し得ることから出発する」（藤原松三郎）が、自省の能力を失ったらそれでおしまい。

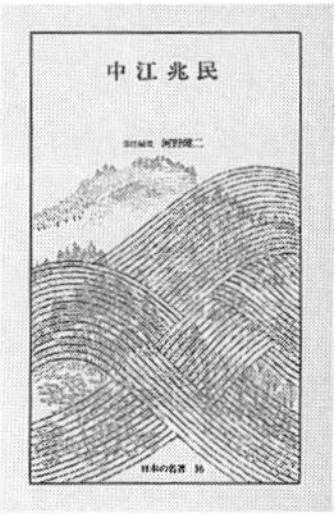

『日本の名著36　中江兆民』（中公バックス，1984年）

COLUMN

歩くように読むこと

ショーペンハウアーの教え

北川東子

一日中、他人の書いたもの読んでばかりいると、馬に乗ってばかりの人間が歩くのを忘れてしまうように、自分で考える能力を失ってしまう。生きる智慧について考えた人、哲学者ショーペンハウアーは、そう言っている。「多くの学者が読みすぎて馬鹿になってしまった」。本を読むなというのではない。歩くことと同じように、読むことは、私たち人間にとって自然な本能的行為であり、ゆっくり歩いたり小走りになったりするように、読むのにも色々なやりかたがあって、それぞれの人がそれぞれの必要に応じて読まなければならない。ただ、読書は怖い。車に乗ってばかりの人間がいつかは腰を痛めて歩けなくなるように、勉強のための読書や情報収集ばかりの読書をつづけていると考える読書ができなくなる。これをショーパンハウアーの教えと名づけよう。ところで、私たちは本やテキストを読むだけではなくて、さまざまなものを読んでいる。人の表情を読み、空を見上げて天気の成り行きを読み、社会の動きに自分の将来を読む。情報や知識を読み取るだけではなく、読むことで状況を分析し同時に価値評価もしている。この世界には、しっかり読まなければならないことが沢山ある。時には、自分の使命や絶望も読まなければならないだろう。そのための習練として、たとえば二十世紀ドイツの詩人リルケの形而上学的詩集『ドゥイノの悲歌』を読んでみよう。ゆっくりと砂浜を素足で歩いていけば、海を感じる自分と海とがひとつになる。ショーパンハウアーの教えに従えば、人は、歩くように読まなければならない。

ショーペンハウアー『意志と表象としての世界 I』（西尾幹二訳，中公クラシックス，2004年）

3 留学生にすすめる本

ジョン・ボチャラリ

A君、お元気でしょうか。夏合宿が終わって、きっと秋のリーグ戦までのつかの間の自由を満喫しているところでしょう。

合宿の際には、色々お世話になりました。僕にとって初めての参加でしたが、部員諸君の明るく頑張っている姿を見て、顧問としてとても嬉しく思いました。

さて、休憩の時間に貴兄から宿題をもらいましたね。部活だけでなく、留学生支援グループにも入っていて、その活動の一環として「日本を知る読書会」を準備中。そこで、どういう本を留学生たちに読ませたらいいかを助言してくれ、とのことでした。

そのとき、僕は「分かった、考えるから少々時間を」と安請け合いはしましたが、考えてみると意外に難しい注文です。日本語ができなくて、日本に関する知識がほとんどない学生ならば、英語などでの入門書がたくさん発行されていますので、その中から何冊かを推薦すればいいでしょう。しかし、貴兄のグループの場合、留学生は皆ある程度日本語ができて、日本についての予備知識ぐらいはある、というので、もう「入門書」を卒業しているといえるでしょう。それに、その留学生たちには、日本語以外の共通語がないようなので、英語などの外国語文献では困りますね。(この企画を率いる貴兄ご自身の英語力に触れないことにしましょう。)それなら、留学生が読むべき本は一体何でしょうか。

なぜこの「読書会」をやるようになったかはまだ伺っていませんが、当ててみましょうか。おそらく、その支援グループで世話している留学生から、「日本をよりよく理解できるようにどういう本を読めばいいか」と聞かれ、「よしゃ! 俺が読書会を作ってやる」と、後輩の面倒見のいいA君が答えた。そういう訳で、今は困っている——図星かな? やはり、「安請け合い」は考えものですね。

まあ、それはそれとして、その留学生の質問も切実な問題だということも、貴兄がその問いに答えることに困っている気持ちも僕には分かります。何しろ僕が初めて来日したとき同じ質問を何人かの日本人にしましたし、当時の日本人も大変困っていました。とはいえ、その時の環境と今の環境はかなり違っています。

日本に来たのは一九七〇年で、ちょうど貴兄と同じぐらいの年齢でした。「日本に行って、勉強してくる」といい出したら、かなり珍しがられた記憶が残っています。

何人もの人から「何でまたそんな国へ?」と聞かれ、地理に弱いある友人からは、「アメリカと違って、熱帯国だろう? 大丈夫?」とまで心配されました。当時の日本はもはや「発展途上国」ではなかったですが、多くの欧米人の目からして、「これから」の国、という感じでした。

いうまでもなく、これはいわゆる「日本ブーム」以前の時分でした。今と比べて、日本に関する英語文献は非常に少なく、質的には玉石混淆でした。皮肉なことに、「日本を紹介する英語の本を推薦せよ」といわれたら、現在より答えやすかったと思います。そもそもあまりなかったからです。

では、実際に日本に来てみてどうだったか。日本人により日本語で書かれた書物の中には、「外国人の目にも触れる可能性はあるだろう」という意識で作成されたものはほとんどなかったと思います。「英語は国際語で大変開かれている言語だ。なに人に読まれてもおかしくない」と言わんばかりの言説空間で育った僕のような者にとっては、まったく新しい経験でした。そうした本を読んでいると、まるで「盗み聞き」しているような錯覚におちいることすらありました。

それだけではありませんでした。「外国人だから、日本についての本を読んでもどうせ分からないだろう」という暗黙の了解は、周りの日本人にかなり浸透していたように記憶しています。例の質問、「日本をよりよく理解できるようにどういう本を読めばいいか」を日本人の知り合いに尋ねたら、一〇人のうち九人は困った表情で

『源氏物語』だろう」と答えてくれました。「なぜか」と聞くと、「ワビとサビがあるから。でもこれは大変日本的なことだから、外国人には理解することは無理だろう」と言われました。これは面白い考え方だと思い、以後半分悪戯心で更に聞くことにしました。そうすると、典型的な会話は次のように続きました。

「僕の日本語が上手になっても?」

「うん、そうだ」

「じゃ、『源氏物語』の中で、ワビとサビが比較的分かりやすい形で読める場面は例えば何だろう」

「さぁ……(冷や汗)。実は『源氏物語』を読んだことがない。けど、ワビとサビがいっぱい入っているはず」

「簡単にいえば、ワビとサビって、どういう意味?」

「言葉では説明できない。しかし、日本人なら分かっている」

ある人はより詳しく、大変分かりやすい説明をしてくれた後、僕に「分かる?」と尋ねました。

「そういうことなら、分かる」

「分かる、と思っているならば、僕の説明は悪かった。本当は分かるはずがない」

(以上のような話は他に複数の外国人からも聞いたことがあります。僕だけの経験ではないようです。)

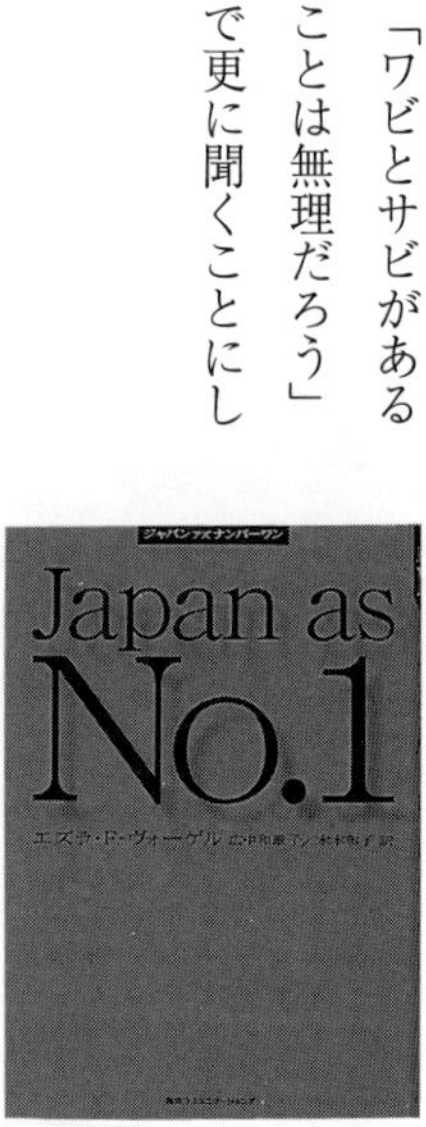

(1)エズラ・F・ヴォーゲル『新版 ジャパン アズ ナンバーワン』(阪急コミュニケーションズ)

これは一九七〇年代前半の話でしたが、年が経つにつれ、こういう態度が次第に変わってきました。というより、急速に別な方向へ極端に走り出した、といった方が正しいかもしれません。一九七〇年代後半、一九八〇年代に入ると、日本が全世界の注目の的になってきた、と多くの日本人が意識するようになりました。過熱した景気の中で、日本製のものが海外の市場に充満したり、日本の企業が外国の企業や不動産を買い漁ったり、エズラ・ヴォーゲル氏のベスト・セラーのタイトルが象徴するように『ジャパン・アズ・ナンバーワン』[1]の時代となりました。「二一世紀は日本の世紀。日本の成功の秘密は何だろう?」という問いは、日本内外で聞こえてきました。この問いに答えるかのように、いわゆる「日本人論ブーム」が到来しました。

「日本はユニークだ」、「縦社会だ」、「甘えの構造がある」、「優れた官僚がいる」、「個人主義を超えた集団主義がある」、「素晴らしい教育制度を作っている」、と。もちろん、似たような主張はかなり前からなされていましたが、いつの間にかより強く、より詳細に、より大量に発表されるようになりました。ちょっと大きめの本屋なら、大抵「日本人論」の専用コーナーが設けてありました。政府の後押しもあって、「分かりにくい日本人」、「経済脅威の日本」、「エコノミック・アニマル」の悪いイメージを砕く道具として、盛んな翻訳活動も行われていました。

僕としては、もはや「日本をよりよく理解できるようにどういう本を読めばいいか」と尋ねることはなくなっていましたが、もし尋ねたとしたら、おそらく依然とし

(2)夏目漱石『三四郎』『それから』『門』(岩波文庫)

て友人たちに困った表情が見られたに違いありません。しかし、今度は数の上ではあまりにも多く――雑誌記事を含むと、更に相当なものになっていたはず――どれを推薦すればいいか分からない、という理由で。

今から振り返ってみれば、残念ですが、量はあっても質には問題がありました。その時分の「日本人論」は陶酔的、自己ステレオタイプ的なものが多くて、僕にはあまりお薦めしたいものはありません。まあ、一種の歴史現象として「日本人のユニークさ」を論じたものを見るのも面白いかもしれませんが、「日本人論」を読み飽きた日本人の友達がこのようなことを言っていました。

「日本人の一番ユニークなところは日本人論を作りたがる習性だ」。僕もそういう気がします。

さて、現在はどうでしょうか。一九九〇年代に入り、世界から「羨ましい」と思われていた日本の経済、「素晴らしい」と持て囃されていた日本の文化と社会の色合いが褪せ始めました。「バブルが弾けた」ため、日本がおかしくなってしまった、というのが多くの日本人の常識となりました。本当に「バブルが弾けた」ことがおかしくなってしまった原因だったのか、それとも日本がおかしくなってしまった結果として弾けたのかは色々議論できるところでしょうが、とにかく「日本人論」ブームはそこまで、という感じではないでしょうか。何しろ、日本の教育、官僚制度などは凄いから真似しよう、と思う外国人は急激に減ってしまいましたし、日本の成功の奇跡を解

(3) Donald Keene, *The Japanese Discovery of Europe : 1720-1830* (Stanford University Press)

(4) Donald Keene『日本文化論―*Appreciations of Japanese Culture*』(講談社インターナショナル)

き明かしてやろうと試みていた、鼻息の荒い日本人評論家も大分おとなしくなってきたと思いませんか。最近の著作の中から「どういう本を読めばいいか」を選んで推薦することが益々難しくなってきました。

ここまで来たら、A君はもどかしい気持ちで「じゃあ、何を読めばいいか早く教えろ！」と思っているでしょう。では、お答えします。

――分かりません。

というより、「日本の何々、どこどこを説明してやろう」という力が入り過ぎた「日本人論」より、自然体でさり気なく日本を語る本がいいと思います。つまり、僕の持論として、日本語がある程度できる留学生ならば、今の若い日本人が面白く読んでいるもので十分だと思います。もちろん、いわゆる「日本研究」を専攻とし、日本の歴史、文学、芸術、思想、科学などのそれぞれの専門知識を必要とする留学生の場合にはそういうわけにはいかないでしょうが、一般的な意味で「日本をよりよく理解できる」本ならば、A君自身が最近読んで、面白い、ためになったと思った本を薦めればいいと思います。

例えば、貴兄は日本を直接的にも間接的にも題材にした本をこのごろ読んでいますか。えっ？　あまり読んでいないって？　どうやら、今度は僕が困った顔をする番です。では、先ず東京大学出版会から出ている『教養のためのブックガイド』を見て、ご自分の読書生活を改善することから始めてみてはどうですか？　そこで見つけた感

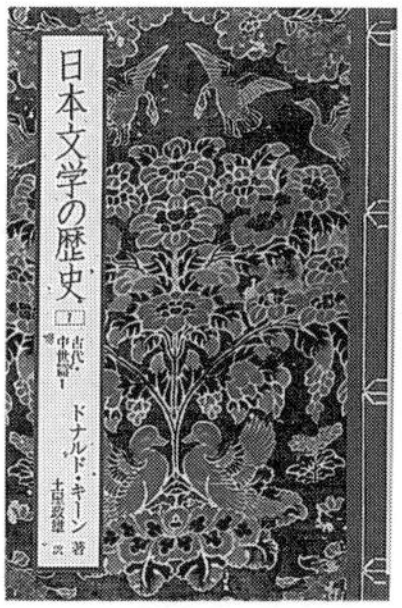

(5)ドナルド・キーン『日本文学の歴史』全一八巻（中央公論新社）

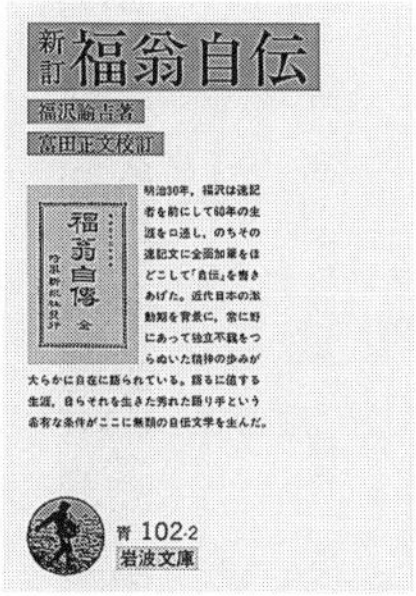

(6)福沢諭吉『新訂　福翁自伝』（岩波文庫）

動作を例の留学生読書会で使えばいいのではないでしょうか。

「先生、ズルイ！」と言われても仕方がありません。しかし、もし「アメリカをよりよく理解できるようにどういう本を読めばいいか」と留学生を世話しているアメリカ人学生に聞かれたら、きっと僕は「今の若いアメリカ人が面白く読んでいるもので十分」と答えると思います。

しかし、ひょっとしたら貴兄から次のような質問が跳ねてくるかもしれません。つまり、「先生自身はどうでしたか。元留学生として個人的にどういう本が役に立ちましたか」と。お答えしてもいいのですが、どこまで参考になるかは心配です。何しろ留学生として来日したのはもはやかなり昔のことになってしまいました。また、拡大解釈して、僕が今でも「留学中」だとしても、必ずしも僕に典型的な読書傾向があるとはいえないので、今の一般的な留学生にとって面白いかどうかは保証できません。そういう但し書きつきでよければ、以下ご笑覧ください。

思い起こせば、日本に来て初めて日本語で読み通した本は、夏目漱石の『三四郎』②でした。正直いって、最初の三分の一ぐらいまでは苦痛でなりませんでした。漢字辞典、和英辞典を引いては考え、考えては引きして、楽しい読書ではなく、つらい軍事訓練みたいな経験でした。しかし、漢字と眠気と格闘しているうちに、徐々に慣れてきて、やっと楽しめるようになりました。日本語の高い、厚い壁の向こうに待っていたのは異質の世界ではなく、僕のような「迷羊《ストレー・シープ》」でも親しみを感じさせてくれる

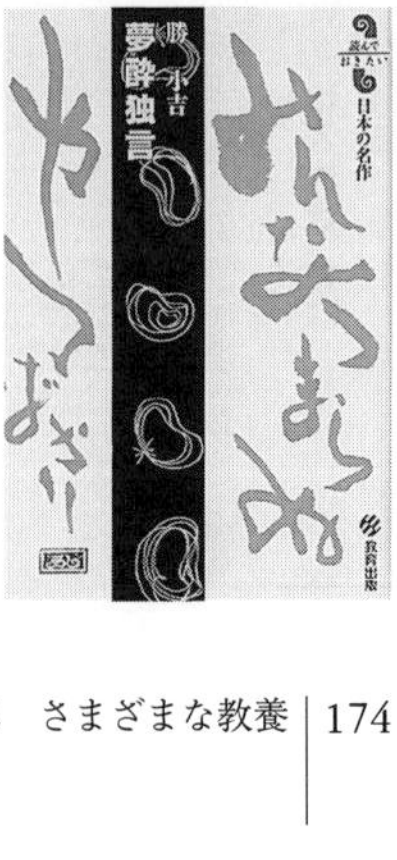

(7)勝小吉『夢酔独言』(教育出版)

(8)杉田玄白『蘭学事始』(岩波文庫)

人たちのいる世界でした。その後、一気に漱石の『それから』と『門』を読み、日本文学の「日本的」なところというより、その普遍的なところをより認識するようになりました。

大体同じ時期だったと思いますが、アメリカの日本研究者ドナルド・キーン著 *The Japanese Discovery of Europe : 1720–1830*[3]（邦題は『日本人の西洋発見』）が手に入りました。西洋人の日本発見について幾分の知識はありましたが、日本の立場から世界のことをあまり考えたことがなかったので、大変新鮮な思いをしました。様々な障害を乗り越え、新しい考え方、情報、技術を得ようとしていた鎖国時代の日本人は「高度成長」時代の日本人のイメージと重なって、色々考えさせられました。おまけに、日本人ではない著者がこんなに面白く、深く日本を研究しているということは初心者の僕にかなり励みとなりました。後になって、キーン氏の *Appreciations of Japanese Culture*[4]（『日本文化論』）と、一八巻にわたる大作の『日本文学の歴史』[5]なども読みましたが、これらは日本人読者にとっても大いに参考になるとつくづく思いました。

『日本人の西洋発見』は日本の近代のあり方を考える一つのきっかけになりました。その関係で、福沢諭吉の『福翁自伝』[6]は印象深いものでした。著者は文体にしても自己意識にしてもまさしく「現代人」で、江戸時代をも生きた人間だったことを思えば、なんだか不思議な感じがしました。（愉快なコントラストとして、勝海舟の父、勝小吉の自伝『夢酔独言』[7]もよかった。）杉田玄白の『蘭学事始』[8]は『日本人の西洋発見』

(9) 井上靖『天平の甍』（新潮文庫）

(10) 小泉八雲『日本の心』（講談社学術文庫）

にも取り上げられたので、自分の目で見ようと思い読むことにしました。玄白自身の言葉で、日本において西洋の科学事始はどんなに困難なことだったかを確認して、改めて感心しました。また、歴史小説で、遠い昔の奈良時代を背景にした井上靖の『天平の甍《いらか》[9]』がありました。主人公は仏教の若い僧侶で、一種の留学生でしたので、日本と海外の精神文化との出会いについて、現代の留学生の僕に考えさせてくれました。

上記のキーン氏の本を除き、難しい本を読んでいたね、と思われるかもしれません。しかし、いずれも面白いものだったので、慣れてしまったらそれほど苦に感じませんでした。といっても、そういう本ばかりではありませんでした。英語の本も結構読んでいました。例えば、お決まりではありますが、小泉八雲ことLafcadio Hearnの著作がありました。お世話になっていた指導教授の平川祐弘先生に薦められて読み始めましたが、はじめのうちは僕の趣味にはセンチメンタル過ぎて、それほど好きではありませんでした。しかし、自分の西洋文化を乗り越え、なるべく日本人の立場に立って異文化を理解しようとしていたハーンの姿勢にだんだん惹かれるようになりました。貴兄も関心があったら、平川先生編の『日本の心』（小泉八雲名作選集[10]）を入門として読んでみることをお薦めします。

ハーンの情緒的なところと好対照だったのは帝大の御雇外国人のBasil Hall Chamberlainの*Japanese Things*（『日本事物誌[11]』）でした。明治時代の「日本学」第一人者が一般向きに書いた日本紹介「事典」として面白かったのですが、更に面白かったの

（11）チェンバレン『日本事物誌』全二巻（平凡社東洋文庫）

（12）Isabella Bird, *Unbeaten Tracks in Japan* (Travelers' Tales Inc.)

が彼の視線そのものでした。日本と日本人から一歩下がって、客観的に日本を見詰めつつ、皮肉っぽいイギリス風ユーモアで日本の「発展」を風刺している、かと思えば、西洋人の日本無理解をも槍玉にしていました。なかなか楽しい本でした。

Isabella Birdという人は聞いたことがありますか。勇ましいイギリスのおばさんで、開国して一〇年しかたっていない時分で一人の（下手な）通訳者を連れ、外国人がまだ足を踏み入れていない北日本の旅に出かけて、その経験を *Unbeaten Tracks in Japan*(12)（『日本奥地紀行(13)』）という旅行記にまとめました。日常的、「当たり前」なことを意識せず、記録しないのが世の常ですが、彼女には日本の「田舎」のすべてが初見だったので細かく書き記しています。おかげで、日本人も書けなかった「前近代」の日常にタイム・スリップさせてくれます。この本の面白さを更に引き立てるのには、民俗学者の宮本常一の『イザベラ・バードの「日本奥地紀行」を読む(14)』がとてもいい助っ人となります。

そういえば、「日本の日常」へ関心を向けさせてくれたのは、書物関係ではおそらく柳田國男の著作ではないかと思います。初めて読んだのは確か『青年と学問』でした。学問は書物だけでなく、足を使ってやることも大切、現代の日本を理解するには歴史書に載らない「常民」が築いた物質文化、精神文化を見なければ、と説いたこの本のメッセージは、柳田の業績全般の基調になっています。彼の実際の方法論には色々な問題が指摘されていますが、その基調は今も評価できると思います。

(13) イサベラ・バード『日本奥地紀行』（平凡社）

(14) 宮本常一『イザベラ・バードの「日本奥地紀行」を読む』（平凡社ライブラリー）

僕の個人的研究テーマに関するものはあえて触れないことにしていますが、間接的にそのテーマと関係した本を一冊だけあげてみましょう。足立巻一の『やちまた』です。題材はいかにも地味に見えます。本居宣長の長男、盲目の国語学者本居春庭の話です。というより、春庭の存在をたまたま若いころ知った著者が一生かけてその素顔を断続的に追いかける執念の物語です。著者が「はまって」いく姿は痛快。学問にも夢があるなぁ、と思わせてくれる一作です。

すっかり「昔の本」の紹介になってしまいましたね。ほんの数冊、より新しい本を簡単に紹介しましょう。

柳田國男の流れを現代に汲む研究者の一人は宮田登です。「トイレの花子さん」やペットから安楽死まで、幅広く現代の都市文化と従来の民俗文化との接点を捜し求める数多くの著作は大変刺激的だと思います。どれでもいいのですが、目の前の本棚に、女性を取り扱った『ヒメの民俗学』(15)がありましたので、それを挙げましょう。

宮田氏の大学の同僚でもあった網野善彦の業績も見過ごすわけにはいきません。「網野史学」と言われるぐらいで、教科書に出る権力者の歴史ではなく民衆の観点から考えた日本史は、大変新鮮に感じます。例えば、『日本論の視座――列島の社会と国家』(16)はとてもいい入門書です。

また、日本現代史を生き生きしたものにする著者の一人はJohn Dowerです。太平洋戦争の恐ろしさを思い出すのには、*War without Mercy: Race and Power in the Pacific*

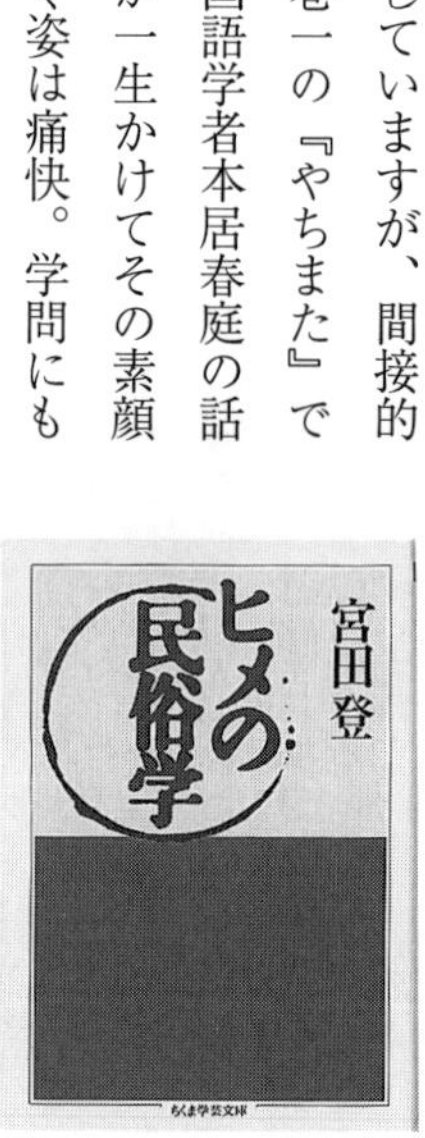

(15) 宮田登『ヒメの民俗学』(ちくま学芸文庫)

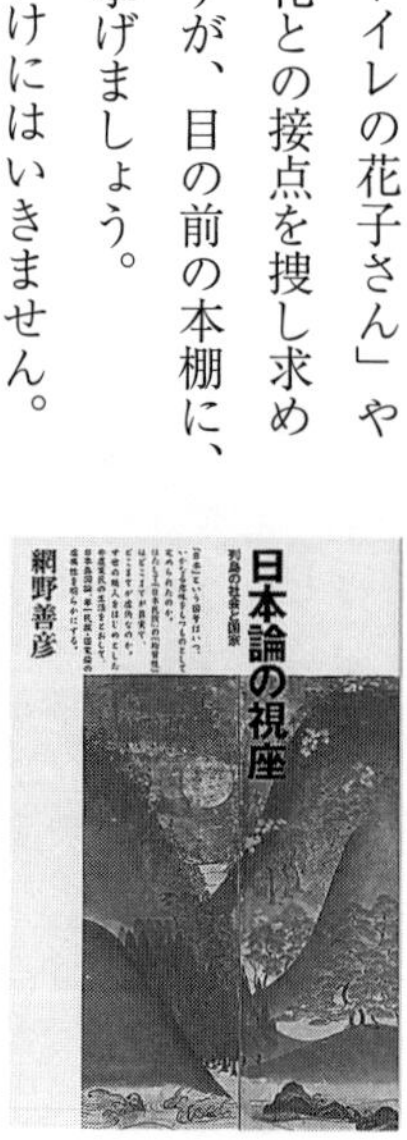

(16) 網野善彦『日本論の視座――列島の社会と国家』(小学館)

War[17]（『容赦なき戦争[18]』）は最適。

おまけですが、僕の日本理解の助けとなったのは文学、思想、歴史書だけではありませんでした。例えば、手塚治虫の漫画——個人的には『火の鳥[19]』が印象的——と『日本国憲法』なども役に立ちました。

ずいぶん長い手紙になってしまいましたね。数え直したら、二〇冊は挙げたようです。しかし、貴兄は言うかもしれません。「先生は、今の若い日本人が面白く読んでいるもので十分、といったのに、挙げた本の中で今の若者向きのものは一つもない！」と。その通り。少し弁明させてください。これらの本はあくまで自分が留学生だったとき役に立ったものです。来日したころ、周りには他の留学生はほとんどおらず、いたとしても僕同様日本研究のため日本の大学に来ていました。上記の著作は典型的なものではないにしても、日本研究をやっていた者としてはそれほど逸脱しているものではないと思います。

今は、事情が大分変わっています。僕たちの大学だけでも何百人もの留学生が勉強しています。しかし、日本そのものを研究している人は比較的少なく、むしろ科学技術、経済などが主流となっています。つまり、留学生自体が大変多様化しています。こうした留学生なら、「今の若い日本人が面白く読んでいる」本が大変いいのではないかと思います。更に日本のことについて知りたければ、僕が挙げた本の中で役に立

(17) John W. Dower, ***War without Mercy*** (Pantheon Books)

(18) ジョン・W・ダワー『容赦なき戦争——太平洋戦争における人種差別』（平凡社ライブラリー）

つものもあると思います。

　それより、貴兄自身は日本が辿ってきた道を再確認するため、上記の本の何冊かを試してみたらどうですか？　自分のためにも、留学生のための優れた「リソース・パーソン」になるためにもお勧めします。現在の日本の若者には今までの日本の歴史と文化の中で「留学」することがとても大事だと思います。

　まあ、ここまでにしましょう。読み疲れたでしょう。今度会うとき、ぜひ感想を聞かせてください。秋の開幕戦の後、一杯やりましょう！

　では、お元気で。

留学生にすすめる本

夏目漱石『三四郎』〔(岩波文庫、改版一九九〇年)／(集英社文庫、一九九一年)／(新潮文庫、改版一九七四年)／(角川文庫、一九五一年)〕

夏目漱石『それから』〔(岩波文庫、改版一九八九年)／(新潮文庫、一九四八年)／(角川文庫、改版一九六八年)〕

夏目漱石『門』〔(岩波文庫、改版一九九〇年)／(新潮文庫、改版二〇〇二年)／(角川文庫、改版一九六六年)〕

Donald Keene, *The Japanese Discovery of Europe : 1720-1830* (Stanford University Press, 1969)

ドナルド・キーン『日本人の西洋発見』(芳賀徹訳、中公文庫、一九八二年)　＊品切

Donald Keene, *Appreciations of Japanese Culture*『日本文化論〔新装版〕英文版』(講談社イン

(19) 手塚治虫『火の鳥』全一三巻(角川文庫)

(20)『日本国憲法』(童話屋編集部編)

ターナショナル、二〇〇三年）

ドナルド・キーン『日本文学の歴史』（全一八巻）（土屋政雄ほか訳、中央公論社、一九九四〜九七年）

福沢諭吉『新訂　福翁自伝』（富田正文校訂、岩波文庫、一九七八年）

勝小吉『夢酔独言』［（浅井清・黒井千次監修、教育出版、二〇〇三年）／『夢酔独言　他』（勝部真長編、平凡社ライブラリー、二〇〇〇年）］

杉田玄白『蘭学事始』［（緒方富雄校註、岩波文庫、改版一九八二年）／『蘭学事始　ほか』（芳賀徹・緒方富雄・楢林忠男訳、中公クラシックス、二〇〇四年）／『蘭学事始』（片桐一男全訳注、講談社学術文庫、二〇〇〇年）］

井上靖『天平の甍《いらか》』（新潮文庫、改版一九八七年）

小泉八雲『日本の心』（平川祐弘編『小泉八雲名作選集』、講談社学術文庫、一九九〇年）［ラフカディオ・ハーン『小泉八雲日本の心』（彩図社、二〇〇三年）／ラフカディオ・ハーン『心』（平井呈一訳、岩波文庫、一九七七年）］

Basil Hall Chamberlain, *Japanese Things: Being Notes on Various Subjects Connected With Japan, for the Use of Travelers and Others* (Tuttle Publishing, 1978)

チェンバレン『日本事物誌』（全二巻）（高梨健吉訳、平凡社東洋文庫、一九六九年）

Isabella Bird, *Unbeaten Tracks in Japan* (Travelers'Tales Inc., 2000)

イサベラ・バード『日本奥地紀行』（高梨健吉訳、平凡社ライブラリー、二〇〇〇年）

宮本常一『イザベラ・バードの「日本奥地紀行」を読む』（平凡社ライブラリー、二〇〇二年）

柳田國男『青年と学問』［（岩波文庫、一九七六年）＊品切／『柳田國男全集27』所収（ちくま文庫、一九九〇年］＊品切／『日本の名著50　柳田國男』所収（中公バックス、一九八

四年）＊品切／「青年と学問」『柳田國男全集4』所収（筑摩書房、一九九八年）〕
足立巻一『やちまた』〔（新装版）（上・下）（河出書房新社、一九九〇年）＊品切／（上・下）
（朝日文芸文庫、一九九五年）＊品切〕
宮田登『ヒメの民俗学』（ちくま学芸文庫、二〇〇〇年）
網野善彦〔『日本論の視座——列島の社会と国家』（小学館、二〇〇四年）／（小学館ライブラリー、一九九三年）〕
John W. Dower, *War without Mercy: Race and Power in the Pacific War* (Pantheon Books, 1987)
ジョン・W・ダワー『容赦なき戦争——太平洋戦争における人種差別』（猿谷要監修・斎藤元一訳、平凡社ライブラリー、二〇〇一年）
手塚治虫『火の鳥』〔（全一三巻）（角川文庫、一九九二年）／（全一一巻・別巻一）（朝日ソノラマ、二〇〇三年）／『手塚治虫漫画全集』所収（全一七巻）（講談社、二〇〇〇年）〕
『日本国憲法』（『六法全書』）〔（小さな学問の書1、童話屋、二〇〇一年）／（講談社学術文庫、一九八五年）など〕

C O L U M N

テレームの僧院へようこそ！

石田英敬

きみはテレームの僧院を知っているだろうか。ラブレーの『第一の書　ガルガンチュア』の最後に出てくる架空の修道院のことだ。「ピクロコル戦争」という大戦争が終わった後、「正反対の修道院」として建てられたテレームには「壁」がない。余所とちがって「いかなる時計も日時計も置かないこと」に決まっている。そこには「美女で、スタイルもよく、気だてもいい女性」、そして「美男で、かっこよくて、いい性格の男性」しか入れない。「男がいなければ、女もいてはならず、女がいなければ、男もいてはならない」という男女共同参画の原則も決められている。テレームの生活は、法や規則によって支配されるのではなく「自由意志」によって営まれており、ひとは「好きなときに起床して、その気になったときに、食べたり、飲んだり、働いたり、眠ったり」した。そこでの規則とは、次の一項目だけなのである。「あなたが望むことをしなさい。」ひとびとは、「りっぱな教育を受けていたから、男も女も、だれでも例外なしに、読み書きはもとより、歌ったり、楽器を上手に演奏したりできたし、五、六か国語を話すのみならず、それで詩歌や散文を綴ることまでもしてのけた」という。なんという理想的な学習の環境。ところがしかし、ガルガンチュアの物語を締めくくる「謎歌（エニグマ）」が暗示するように、この学園は不吉な転調に見舞われているようなのだ。私には、それが私たち自身の未来の不気味さと共鳴し始めているように感じられて仕方ないのだ。

だから宮下志朗新訳でぜひご一読あれ！

フランソワ・ラブレー『ガルガンチュア：ガルガンチュアとパンタグリュエル 1』（宮下志朗訳，ちくま文庫，2005年）

C O L U M N

科学的に考えるために

黒田玲子

科学技術が急速に進展し、好むと好まざるとにかかわらず、社会の中に浸透して来ている現代においては、科学技術に直接携わらない人々も、科学技術の基礎知識を持ち、科学的なものの考え方（たとえば、ものごとにはグレーゾーンがあること、唯一絶対解は無いこと、個と全体の関係、リスクとベネフィットの関係、確率や平均の意味、統計の母体の理解、定量的考え方など）を身につける必要がある。

難しいが、このための具体的な本を数冊あげると、まず私が影響を受けた本の一つは、レイチェル・カーソン著『沈黙の春』。アルベルト・シュヴァイツァーに捧げられたこの本は、DDTが食物連鎖を介して地球規模の生命の死滅を引き起こすことを明らかにし世に訴えた。人間と自然とのあるべき関係を考察したものであり、それは彼女の二冊目の本、『センス・オブ・ワンダー』にいっそう現れている。また、科学の世界の巨匠、マリー・キュリー、マイケル・ファラデー、ルイ・パスツールの伝記を読むのも良いし、BBCラジオ放送のため存命の一流研究者二三人への取材をまとめたLewis Wolpert、Alison Richards著“Passionate Minds”（和訳『科学者の熱い心』）も科学者の素顔がわかり興味深いだろう。同様の趣旨で、多くのノーベル賞受賞者を含めた著名な科学者を、ハンガリーの科学者I. Hargittaiが直接取材した本“Candid Science”三冊がImperial College Pressから出版されている。残念ながら和訳はないが、英語の得意な方におすすめである。

レイチェル・カーソン『沈黙の春』（青樹簗一訳，新潮文庫）

第IV部

教養の彼方

1 読む快楽と技術

野崎歓

書物は驚異だ

快楽と技術とは、ずいぶんたいそうな響きのタイトルだとお思いでしょう。どうか気楽に受けとめてください。『テクストの快楽』というよく知られた本があります。一世を風靡した批評家ロラン・バルトが人生の最後の時期に綴った、切ない美しさただようエッセー。そのなかでバルトはみごとに言ってのけています。「テクストの快楽についてはいかなる〝命題〟も不可能だ[1]」。可能なのはせいぜい、自分の体験をふり返って考えてみることくらい。それも尻切れトンボで終わるに決まっている。そう述べてからバルトは言葉をついで言うのです。「しかしながら、何がどうあろうとも、私はテクストを楽しんでいる」。

大切なのはまさにその点です。テクストを書物、本と言いかえましょう。本を読む楽しみをたっぷりと味わい、書物と豊かにつきあってほしい。読書から人生上の大きな喜びを得てきたと思っている人間として切にそう訴えたい。人生の喜びが本に尽きるはずはありません。しかし本ほど手軽に、いつでもどこでも愉しめるものはほかにない。寝転がったままで古代ギリシアの哲学や悲劇と取り組むことだってできるし、退屈な講義中に刺激的なミステリの迷宮をさまようことも可能。そのためにはエレクトロニックなしかけもヴァーチャルな回路も不要で、たんにページをめくればいいのです。本とは人間の発明した最大の驚異だと叫びたくなりませんか。

嗅げ！

もちろん、まず必要なのは本を手にすること。かたちあるものとしての本をあなたの手中に抱きとめることでしょう。「もの」であるというのは本のきわめて重要な性質です。

「書物は、その物質性と切りはなせない。書物とは、いわば、テクストを発生・顕現させる物質的な装置なのであり、わたしたちは書物においてはじめてテクストと出会う」(2)。

言わんとするところは明快ですね。著者はさらに述べています。少年のころ、はじ

(1) ロラン・バルト『テクストの快楽』（みすず書房）

(2) 清水徹『書物について——その形而下学と形而上学』（岩波書店）

めてお小遣いで欲しかった本を買ったときの感覚。「あれはけっして、読みたかったテクストが読めるというだけのものではなかった。物語の世界に、科学の世界に導きいれてくれることの約束が、《書物》という物体の姿と手触りとして、いま自分の手のなかにあるという、ほとんどエロチックとさえ言える喜びである」。

つまり本は官能をもって遇さなければならない。読み出す前にまずしげしげとその全身を見つめ、鼻を近づけてよく嗅いでみるがいい。語学の天才だった詩人西脇順三郎は中学生のころ、初めて英語の教科書を手にした従弟に対し「嗅げ！」と命じたそうです。(3) 本の物質性、身体性を尊重し、敬うところからつきあいは始まる。つきあいを深めるためには本は自分で購うべきです。学生時代、金欠状態の続く中で買った本は宝物となる可能性が高いでしょう。もともと美麗なカバーのついている本に日本の本屋はさらに店のカバーを装着してくれるけれども、これは断るかさっさと捨て去ったほうが好ましい。その方が本の身体をより直接に感じられるから。ちょっと力を加えて表紙を大開きにし、造本の具合など確かめ、取り澄ました風情に少々の乱れを生じさせたりするうちに、ものとしての本が手になじみ、互いの意思がうまく疎通し始める気がします。

読めることの興奮

おつきあいと言い、意思の疎通とは書いたもののしかし読書はいわゆるコミュニケ

(3) 斎藤兆史『英語達人列伝――あっぱれ、日本人の英語』(中公新書)

ーションの枠に収まる営みではない。友だちとお喋りするのと本を読むのとはまったく違う行為です。なにしろ本を読むときは一人なのですから。読書する人の姿は孤独です。しかしそこに漂うのは寂しさではなくむしろある充溢感でしょう。その人はじっと動かずにいるのに、内部では何か活発な動きが起こっていることが感じられる。でもいったい何が?

書かれている文字に息を吹き込み、声にして響かせるという一種のマジックがそこでは演じられているのです。白いページに散らばるインクのしみを眼で見、耳で聴き取る。そのこと自体がすでにして深い快楽をはらむ営みなのに違いない。幼児をごらんなさい。ある日、絵本をただ読み聞かされていることに満足しなくなり、そこに散らばっている記号を自分で声に出してみようと試み出す。たどたどしく愛らしい最初の音読の嬉しさを、あらゆる読書は無意識のうちに反復しているのではないでしょうか。

文字という記号を読むことはなぜ面白いのか。それが孤独のうちになされ、自分ひとりの力に依存する完全に自立した営みであり、しかも孤独を超えて何ものかと出会う実感に貫かれる体験だからです。たかが字の羅列にすぎないのに、そこに誰かがいて語っているのだという事実をまざまざと感知する驚き。しかもその言葉をほかでもないこの自分こそが受けとめ、意味あるかたまりとして立ち上がらせてやるのだという手ごたえ。そうしたエモーショナルな昂ぶりが、本を読むぼくらを鼓舞するのです。

その昂揚が実感できないという人は、大人になって初めて本を読む術を知った男の胸のときめきを描くレイ・ブラッドベリのSF『華氏四五一度』(4)を一読してください。いや、むしろその本を原作として、原作以上に書物愛へと強くうながすフランソワ・トリュフォー監督の映画『華氏四五一』を観ていただきたい。自分に本が読めるという事態がどれほど興奮に値するものなのかが、改めて納得されるでしょう。

文学の呼び声

読書の営みを、コミュニケーションや情報の伝達といささか異なる次元に位置づけるべきなのは、それが書き言葉への親しみであるからです。声を聴き取ると言ったって、実際には文字が脳内によびおこす幻想にすぎない。そうした文字の不思議な力の働きをあらゆるかたちで組織し、拡大し、探求しようとする営み。それが文学と呼ばれるものです。

読む快楽とはすなわち文学の喜びだとぼくは信じています。必ずしもそれは小説や詩のたぐいを指すのではなく、思わず引き込まれてむさぼり読んでしまうものであればそれは何でも「文学」なのです。歴史の本でも美術の本でも、ミステリでもSFでも、マンガだってOK。ただし、書き言葉の可能性を最高度に実現する領域は狭い意味でのいわゆる「文学」である。そうぼくは確信しています。

文学は終わった、小説は死んだといった論調がいまあたりに満ちていることは承知

(4) レイ・ブラッドベリ『華氏四五一度』(ハヤカワ文庫)

で言うのですが、そもそもそうした批評の言辞は文学とともに古いと言っていい。そんなお題目を鵜呑みにして、この世で真に素晴らしいもの、面白いものとの出会いを妨げられるとしたら何とももったいない話だ。まあとにかく読み始めてごらんなさい。

一五〇年以上前のアメリカの小説だって――「わたしを『イシュメール』と呼んでもらおう。何年かまえ――正確に何年まえかはどうでもよい――財布がほとんどそこをつき、陸にはかくべつ興味をひくものもなかったので、ちょっとばかり船に乗って水の世界を見物してこようかと思った。それがわが凶暴性をなだめ、血行をととのえるわたしなりの方法だった[5]」。

あるいは五〇〇年近く前に書かれたフランスの大長編だって――「世にも名高いよっぱらいのみなさま、そしてほら、そこのあなた、なんとも貴重な梅毒病みのみなさま、――だって、わたしの書物が捧げられるのは、まさにあなたがたなのですよ――[6]」。

さらにはまた、最近文学賞を取ったばかりの話題の本だって――「私って、いったいいつまで私のまんまなんだろう。／ぼんやりしながらくりかえしそう考えていたことに気づいて、小夜子は苦笑する[7]」。

ページを繰り続けるという単純な運動をうながしてやまないという点で、何の違いもありません。しかもそこに描き出される事柄、描き出す言葉の表情はまったく異なっている。新たな作品と取り組むたびに、ぼくらは個別の独立した世界へと導かれ、

(5) ハーマン・メルヴィル『白鯨』上・中・下（岩波文庫）

(6) フランソワ・ラブレー『ガルガンチュアとパンタグリュエル』第一巻（全四巻、ちくま文庫）

そこで我を忘れる。我を忘れるという体験に、実はぼくらの自我をよりしなやかで強いものに育てていく効能があるらしい。魅惑的なものを多く知ることが、人間の文化や歴史に加わる一員としての自覚を与え、それらをさらに広く深く知りたいという情熱を与えてくれるのですから。

なぜ文学なのか。急いで理由を二つ付け加えておきます。一つは、文学が基本的に専門知識や準備を必要としない領域であり、読む側は本を開きさえすればいいという自由さを本質とするものだからです。理系文系の別なく、文学にはだれでも今すぐ入門可能なのです。もう一つは、繰り返しになりますが、それが「書き言葉」の力に触れるための最適の場だから。情報に還元されない言葉のボリュームや色気や精緻さを感得する能力を育まずしては、言葉をもつ動物として生まれてきた甲斐がないというものでしょう。

何を読むか

読む意欲はあるのに、いったい何を読めばいいのかに迷うという泣き言を洩らす学生諸君は年々増えているらしい。どうか本書を活用してください。ただぼくとしてはただ一言、「迷ったときは岩波文庫を読め」と言っておきたい。未読の岩波文庫が何百冊とあるのは(ぼく自身がそうですが)、人生の楽しみがまだまだ尽きないことを意味します。それらの本はだてに時代の転変や流行の変化を生き延びてきたのではな

(7)角田光代『対岸の彼女』(文藝春秋)

いのです。

またぞろ時代遅れの教養主義だと紋切り型の批判を浴びせられるのはいやなので（教養なぜ悪い！「教養は快楽の娘でこそあれ、労苦の娘ではない」(8)とスペインの哲学者オルテガが言うとおりの教養をつちかう者は幸いなるかな）、わが国の生きのいい若手作家にぼくの気持を代弁してもらいましょう。正体不明、顔写真を公表せずインタビューその他ジャーナリズムの儀式にいっさいつきあわず、ひたすら「書き言葉」の作家であることを貫き続けるカッコいい男、舞城王太郎のデビュー作『煙か土か食い物』の一節。

「人生は混沌としていて文脈も主題もなく連続性すら時として失われてしまう。そこにはそもそも理由も原因も根拠もなく結果も帰結も結論もない。それはまるでとてつもなく眠いくせに妙に興奮している小学生のだらだらした独り言のようなもので注意して確かめればあらゆる種類の馬鹿げたことや驚嘆すべきことや退屈でありふれたことが脈略なく羅列されていることに誰だって気づく。曖昧さと混乱、それが結構人を疲れさせるのだ。俺は中学の時に誰かの家の本棚から失敬してきたダンテの『神曲』（岩波文庫）を好み、折に触れて読み返しては人生の鍵や鍵のふりをしたものや何でもないが意味有り気な言葉を拾い挙げて心の隅に留めておくことにしている。こういうものがふとした場面でピカリと光って俺を導き俺を俺の窮地か

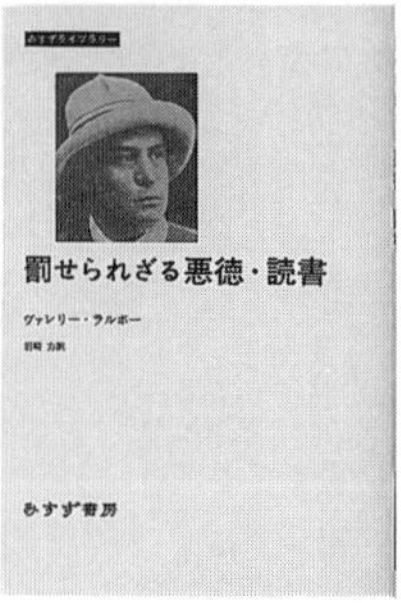

(8) ヴァレリー・ラルボー『罰せられざる悪徳・読書』（みすず書房）

(9) 舞城王太郎『煙か土か食い物』（講談社文庫）

ら救ってくれたり救ってくれたような気分にさせてくれたりするので重宝だ。[9]」

「重宝だ」という結びのとぼけた一語に説得力があります。読書の楽しみはその場かぎりの純粋な愉悦であってかまわないのだけれども、しかしそれが同時に人生にとって貴重な助けを提供してくれる場合だっていくらでもあるでしょう。思いがけないところからもたらされるほど、援軍のありがたみは増すものです。舞城の主人公はアメリカの総合病院で「チャッチャッチャッチャッ」とメスさばきも軽快にオペをこなしていく日本人外科医。手術中ふと『神曲』[10]天堂編が口をついて出てくる、超クールなヒーローなのです。

(10)ダンテ『神曲』上・中・下（岩波文庫）

読んで書く

読む快楽を持続させる最もうらやむべき技法は、この青年外科医のように好きな一節を暗記してしまうことでしょう。作品（の一部）をわがものとしてしまうのです。以前フランス語を担当した理Ⅰの学生で、授業が終わるたびにやってきてはモーパッサン『女の一生』[11]でヒロインが初夜を迎えるシーンだの、トーマス・マン『魔の山』[12]で哲学的談義が交わされるシーンだのを延々と暗誦してきかせてくれる学生がいて、特異な記憶力に驚嘆させられたことがあります。

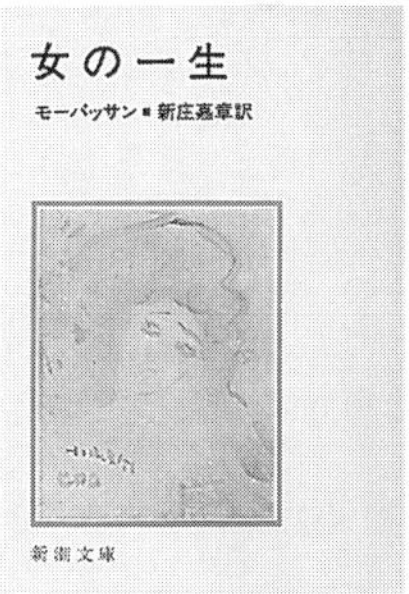

(11)モーパッサン『女の一生』（新潮文庫）

そうした能力に恵まれていない人は（残念ながらぼくもそうですが）、とにかく鉛筆を手にときどき線を引っぱりながら読むべきです。論文、理論書のたぐいはもちろん、文芸書だって思わず線を引き、書き込みをしたくなる衝動に駆られないのであれば、それは本がつまらないか、本の呼びかけに対してこちらの精神が充分に反応していないかのいずれかでしょう。鉛筆で軽くすっと、感嘆の念や疑問のしるしをつけておくだけのことがきわめて大事です。それはすでにして「引用」という積極的行為の始まりなのですから。

読後の感想を綴ったり、レポートを書いたりする場合、最も大事なのはまず引用がしっかりできるかどうかです。引用ができるということは、本の一部分をつかまえたということ、少なくとも自分にとっての意味を掘り下げる材料を得たということにほかなりません。

フランス近代文学にそびえる大傑作長編を生涯かけて完成させたマルセル・プルーストは無類の読書家でしたが、しかし漫然と読む怠惰さの罠にも敏感でした。

「読書が私たちにとってそそのかしであり続け、魔法の鍵が、私たち自身の奥底の、自力では入り込めなかった住いの扉を開けてくれるかぎり、私たちの生のなかで読書の果たす役割は有益である。逆に、私たちを個人的精神生活に目覚めさせるかわりに、それにとってかわろうとする時、読書の役割は危険なものとなる。(13)」

(12)トーマス・マン『魔の山』上・下（岩波文庫）

(13)マルセル・プルースト「読書について」（『プルースト評論選Ⅱ 芸術篇』ちくま文庫）

ただ書物の魅力に溺れているだけでは、書物から真の価値を引き出したことにはならないとプルーストは戒めるのです。読書によって自らの精神活動が鼓舞され、自らの内に秘めた宝が掘り起こされてくるのでなければ書物はむなしいとプルーストは教えます。

偉大な作家になりたいともがき続けたプルースト自身の思いはともかく、一般の読書人にとっても確かに読書は「そそのかし」であってほしい。思わず線を引いてしまうというような事態がすでにして、本がぼくらをそそのかし、動かしていることの証ではないでしょうか。そこから自分自身の「精神生活」を切り開くためには、たとえば線を引いた個所を書き出して、それに対し自分がどんな言葉を発することができるか考えてみるといい。読書感想文を書けというわけではありません。単なる印象や思いつきでも、学校の宿題として綴るのではなく単に自分のためのメモとしてそれを書きつけてみる。ただ読みっぱなしで終わらずに、そこから自分なりの方向へ歩み出す可能性が浮かんでくるはずです。

味わうことの幸福

鉛筆を握って読めだのメモを取れだの（あるいは日本語の本を読むときも辞書を引け、冒頭部分はとりわけ目を凝らして読め等々）、「技術」については大雑把な忠告しかできません。もちろん、受験勉強で学んだ現代文攻略テクニックは正確に読む助けになるでしょう。でもいま皆さんの前にあるのは試験問題ではない。皆さんが好きなように選んで楽しむべき一冊の本なのです。自らの力を自分自身で試して進むスリルを満喫してほしい。

その際、若者にこそ推奨されるやり方として、ちょっと難しそうに思える本に手を出してみることを特記しておきます。別に難しい本を読んでいばるためではない。それが生の充実を得る近道だからです。「生存充実感」を感じるには、「毎日の生きている時間に内容がぎっしりつまっているというだけでなく、時間の流れに対する適度の抵抗感もなくてはならない」と神谷美恵子は言います。[14]「あまりにするすると過ぎてしまう時間は、意識にほとんど跡をのこさないから」だというのです。

現代の文明は万事においてまさにそうした「するする」感の増強を是として進展しています。文学作品とつきあい、古典と取り組むことがいよいよ大切だと思われるゆえんです。有用な情報に還元されないからこそ、それらには心に「跡」を刻む力がある。

翻訳書を読む楽しみ、詩や哲学書に触れる面白さ。そして外国の言葉で書かれた本を通読して得られる満足感。それらについても力説したかったのですが紙数が尽きました。最後に詩を一つプレゼントさせてください。タデウシュ・ルジェヴィッチというポーランドの詩人（一九二一―　）の詩。タイトルは「なんてすてき」です。

(14) 神谷美恵子『生きがいについて』(神谷美恵子コレクション、みすず書房)

「なんてすてき　野イチゴを／森で摘めるなんて／森もイチゴももうないと／思っていたのに

なんてすてき　木陰に／寝られるなんて／木に陰はもうできないと／思っていたのに

なんてすてき　きみといられるなんて／こんなにも心臓が高鳴る／人間に心臓はもう／ないと思っていたのに[15]」

遠い国の言葉から翻訳された詩がこれほど思いがけない新鮮さで迫ってくるなんて、それこそ「すてき」なことではないでしょうか。しかもやさしい言葉遣いなのにそこには幾重にも謎がある。どうしてこの人は森もイチゴも、木陰も失われたと思っていたのか。人間に心臓はもうないと思ってしまったのか。歴史的背景を探ってみるとどうなのか。あるいは、この詩のかたち自体にどんなわざがしかけられているのか……。詩の呼びかけに応じるやり方はいろいろとあるでしょう。著者の経歴を調べてみてもいいし、ポーランドの詩について訳者がほかにどんな紹介や論考を発表しているのか追ってみてもいい[16]。いずれにせよそういう作業へとうながされるとき、ぼくらの内には「なんてすてき」のリフレーンが響き続けている。そのふしぎな魅力をより深く味

(15) タデウシュ・ルジェヴィッチ「なんてすてき」（オクタビオ・パス他『世界文学のフロンティア　2　愛のかたち』岩波書店）

(16) 沼野充義『徹夜の塊　ユートピア文学論』（作品社）

わいたいという気持ちが高まっている。味わうことの幸福を確かに感じている。
そんな時間を、みなさんがどうかたくさん経験できるようにと願うのです。

推薦書リスト

ロラン・バルト『テクストの快楽』(沢崎浩平訳、みすず書房、一九八六年)
清水徹『書物について――その形而下学と形而上学』(岩波書店、二〇〇一年)
斎藤兆史『英語達人列伝――あっぱれ、日本人の英語』(中公新書、二〇〇〇年)
レイ・ブラッドベリ『華氏四五一度』(宇野利泰訳、ハヤカワ文庫、一九七九年)
ハーマン・メルヴィル『白鯨』(上・中・下)(八木敏雄訳、岩波文庫、二〇〇四年)〔『白鯨』(上・下)(千石英世訳、講談社文芸文庫、二〇〇〇年)/『白鯨』(上・下)(田中西二郎訳、新潮文庫、一九五二年)/『白鯨』(原光訳、八潮出版社、一九九四年)〕
フランソワ・ラブレー『ガルガンチュアとパンタグリュエル』(全四巻)(宮下志朗訳、ちくま文庫、第一巻二〇〇五年、以下続刊)〔『ガルガンチュワ物語・パンタグリュエル物語』(全五冊)(渡辺一夫訳、ワイド版岩波文庫、一九九一年)〕
角田光代『対岸の彼女』(文藝春秋、二〇〇四年)
ヴァレリー・ラルボー『罰せられざる悪徳・読書』(岩崎力訳、みすず書房、一九九八年)
舞城王太郎『煙か土か食い物』(講談社文庫、二〇〇四年)
アリギエーリ・ダンテ『神曲』(上・中・下)(山川丙三郎訳、岩波文庫、一九五二年)〔『神曲』(全三巻)(壽岳文章訳、集英社文庫、二〇〇三年)/『神曲(新装版)』(平川祐弘訳、河出書房新社、一九九二年)〕
モーパッサン『女の一生』(新庄嘉章訳、新潮文庫、改版一九八八年)〔『女の一生』(斎藤昌三訳、集英社文庫、一九七八年)」
トーマス・マン『魔の山』(上・下)(関泰祐・望月市恵訳、岩波文庫、改版一九八八年)
[『魔の山』(上・下)(高橋義孝訳、新潮文庫、一九六九年)」
マルセル・プルースト「読書について」(岩崎力訳、『プルースト評論選Ⅱ　芸術篇』保苅瑞穂編、ちくま文庫、二〇〇二年)
神谷美恵子『生きがいについて』(神谷美恵子コレクション、みすず書房、二〇〇四年)
タデウシュ・ルジェヴィッチ「なんてすてき」(沼野充義訳、オクタビオ・パス他『世界文学のフロンティア2　愛のかたち』今福龍太・沼野充義・四方田犬彦編、岩波書店、一九九六年)
沼野充義『徹夜の塊　ユートピア文学論』(作品社、二〇〇三年)

C O L U M N

温かな心と冷静な頭脳

深川由起子

駆け出し調査部員の頃、「工業化の第一歩は適正技術の選択と経済インセンティブの浸透。明治時代の日本は岡谷の田舎製糸業者たちでもこれを理解していたのがすごい」、と薦められたのが、山本茂実『あゝ野麦峠――ある製糸工女哀史』（角川文庫）だった。悲惨な労働環境、そこに娘たちを送り出した農村の無知と貧困は想像を絶するが、それでも仕事を評価され、高い賃金を得た者は家を支え、やがて競争力を高めた日本が製糸王国になるとその恩恵は全体に浸透した。老婆たちの記憶は経済発展とは何か、を鮮烈に語るが、社会科学を志す人には「温かな心と冷静な頭脳」とは何か、考える意味が大きい。

山本茂実『あゝ野麦峠――ある製糸工女哀史』（角川文庫，1977年）

富国強兵への狂奔はやがて近隣国を巻き込んで行った。韓国の司馬遼太郎こと韓雲史（ハンウンサ）『玄海灘は知っている』（角川書店）は太平洋戦争の最中、日本軍に入れられた朝鮮半島出身者の物語で日本人との温かな人間交流を描いたものだが、むしろ当時の日本人に対するクールで諧謔的な観察が興味深い。もう一つの隣国、中国ではスターリング・シーグレーブ『宋王朝――中国の富と権力を支配した一族の物語』（上下、サイマル出版会）がダイナミックだ。既に絶版だが、図書館やネットではよく見かける。名家・宋家の三姉妹、慶齢は孫文と、美齢は蔣介石と、そして靄齢は中華民国蔵相と結婚した。それぞれの人生はそのまま中国の近代史となったが、その壮大さはやはり現在の中国人のパワーに通じる。グローバル化時代、自国の来し方と近隣国との関わりは必須の教養である。島国根性を捨てたところに現在の日本があることを楽しく学んで欲しい。

2

読んではいけない本15冊

石井洋二郎

「読んではいけない本15冊」というのは、いかにも逆説を弄したタイトルに聞こえるにちがいありません。この種の言い方にはたいてい、「それでも読みたいという者は読んでみろ」という見え透いた挑発の意図が含まれているものだからです。確かに本当に「読んではいけない」のであれば、ここに具体的なタイトルを記したりせず、誰にも言わずに黙っているに越したことはないでしょう。にもかかわらず、仮にも「教養のためのブックガイド」と銘打ったこの本に書名を掲載する以上、それは「読め」と言っているのとほとんど同じことです。

しかし私は半ば以上本気で、以下に挙げていく書物は（少なくともある種の人々にとっては）「読んではいけない」と思っています。それは必ずしもそれらが幾分か良識に反していたり、多少なりとも風俗紊乱の傾向があったりするからではなく——その程度の書物なら今や世間に溢れています——もっと抜き差しならないところで、読む者の拠って立つ地盤そのものを掘り崩しかねない危険な契機を孕んでいるからです。まだ自我というものが固まりきっていない若い人々にとって、それらの書物はもしかすると取り返しのつかない事態を引き起こすかもしれない。あるいはすでに自我を確立したと信じている人々にとっても、思いがけず強烈な揺り返しをもたらし、場合によっては自分がそれまで進んできた道を踏み外してしまうきっかけになるかもしれない。だから自分が辿るべき道をすでに決めていて変える気のない人、自分がこれまで眼にしてきた既知の風景の中に心地よく安住していたい人、自分の現状がこのままずっと続くことを漠然と望んでいる人は、やはり以下の15冊は読まないほうがいいと思います。

ただし「毒にも薬にもならない」書物よりは、(たとえ「薬」にはならなくても)「毒」になる書物のほうに魅力を感じる人も少なくないでしょう。それに「教養」というのが生きていくために不可欠な一種の知的体力のようなものであるとするならば、ひたすら薬ばかり摂取するのではなく、時には致死量に至らない程度の毒を服用してみることも必要かもしれません。もちろん、ある薬物がどんな効果をもたらすかは個人の体質によりますし、服用すべき量も人によって違いますから、ここに挙げる書物が誰にとっても等しく作用するかどうかは保証の限りではありませんが。

以下のラインナップは、いわば連想ゲームのように思いつくまま並べたもので、作者の国籍別でもなければ時代順でもありません。あてのない散策にも似た読書という営みに、そうしたカテゴリー分けや秩序立てはいっさい不要でしょう。ただしこの項目の趣旨からしてどうしても文学作品が中心の偏った選択になりましたので、その点はどうぞご了解ください。また、原則として文庫版で容易に入手できるものに限ることにしたため、いくつかの候補はあえてリストから外したこともお断りしておきたいと思います。

大江健三郎『われらの時代』（新潮文庫）

仮にもノーベル賞を受賞した世界的大作家の作品をこの項目の筆頭に挙げるとは、とたしなめられそうですが、私にとっての大江健三郎はあくまでも、人間の生を規定している二大要素と言ってもいい「性」と「政治」の交錯する混沌とした世界を疾走感あふれる文体で描いたひとりの挑戦的な青年作家です。『個人的な体験』や『万延元年のフットボール』から受けた鮮烈な印象も忘れがたいのですが、それらはむしろ「読むべき書物」の部類に属するものであって、「読んではいけない本」といえばやはり本書を挙げずにはいられません。「快楽の動作をつづけながら形而上学について考えること」を言葉によって実践した一篇で、良識を逆撫でするような文章のリズムに一旦乗せられてしまうと、どこまで運ばれていくかわからない過激な作品です。

1　大江健三郎『われらの時代』（新潮文庫）

ヘンリー・ミラー『北回帰線』（大久保康雄訳、新潮文庫）

大江作品に匹敵する一冊を外国に求めるとすれば、まず思い浮かぶのが本書です。ミラーといえば大胆な性描写というのが定番になっていますが、この作品を実際に読んでみると、そこに連ねられた言葉の群れはけっして何かの「描写」ではなく、それら自体が性の躍動であり欲望の噴出なのだということが実感されます。「ぼくは、もっと、もっと多くの災厄を、もっと大きな災難を、もっと壮烈な失敗を、大声あげて求めている。ぼくは全世界が狂ってしまえばいい、と願う。すべての人々が、からだを引っかいて死んでしまえばいい、と願う」という一節に集約されるパトスの奔流は、最終的に「性＝生」の全面的肯定の叫びへと収斂するにしても、脆弱な感性の持主にとってはやはり立ち向かうのに相当の覚悟と体力が要求されるものでしょう。

ルイ＝フェルディナン・セリーヌ『夜の果てへの旅』（生田耕作訳、中公文庫）

ミラーの作品とほとんど同時期にフランスで出版された本書も、猥雑なエネルギーの横溢という点で一歩も引けをとらない作品です。「目を閉じさえすればよい。すると人生の向こう側だ」――エピグラフに見られるこの言葉が予告する通り、奔放な想像力が紡ぎ出す悪夢のような言語空間は、私たちを今ある場所から拉致して一気に未知の世界へと運び去ってしまいます。戦争の狂気に犯され、呪詛と憎悪に塗りこめられた「生から死への旅」を続ける語り手の深い絶望に直面するとき、馴染み深い風景と狎れ合いながら既知の思考や感情にどっぷり漬かってしまった人々は、自らの存在

2 ヘンリー・ミラー『北回帰線』（新潮文庫）

3 ルイ＝フェルディナン・セリーヌ『夜の果てへの旅』上・下（中公文庫）

を激しく攪乱されるのを感じずにはいられないでしょう。フランス語の原文は俗語を多用した独自の文体で書かれていますが、翻訳でもその片鱗は充分にうかがうことができます。

フョードル・ドストエフスキー『地下室の手記』（江川卓訳、新潮文庫）

いささか唐突に思われるかもしれませんが、理性や希望への信頼を奪われたセリーヌの悲劇的状況は、「ぼくは病んだ人間だ……」と語り始める本書の小官吏の自虐的ペシミズムと深いところで響き合っているような気がします。作者にとって大きな転機をしるしづけたこの作品は、「虫けらにさえなれなかった」人間の極度に研ぎ澄まされた自意識のありようを主題としたもので、有名な『罪と罰』や『カラマーゾフの兄弟』などに比べればいかにも慎ましい小品ですが、単に「意識が病んでいる」のではなく、「意識そのものが病気である」というレベルにまで分析の測鉛が降ろされる過程は、読んでいて息が詰まるような思いがします。自己について真剣に思いを巡らせようとする人にとっては案外、後の大作群以上に危険な書物なのではないでしょうか。

埴谷雄高『死霊』（講談社文芸文庫）

そのドストエフスキーの影響を色濃く受けた作者のライフワークである本書は、おそらく私小説的伝統の根強い日本文学では稀に見る観念小説の記念碑です。わずか五日間の出来事を描くのに膨大な文章を費やしてようやく第九章まで書き継がれました

4 ドストエフスキー『地下室の手記』（新潮文庫）

5 埴谷雄高『死霊』I・II・III（講談社文芸文庫）

が、ついに完成の日を見ることなく作者はこの世を去りました。とかく難解さばかりが強調されがちな作品ですが、ひと癖もふた癖もある登場人物たちが「虚妄と真実が混沌たる一つにからみあった狭い、しかも、底知れぬ灰色の領域」で繰り広げる形而上学的ドラマにひとたび引き込まれると、次第に世界を見る眼が変わってくるような気さえします。密度の高い抽象的思考に感染しやすい人はかなりのめりこむ可能性がありますから、相当の覚悟と時間がある人以外は読まない方がいいでしょう。

フリードリッヒ・ニーチェ『ツァラトゥストラ』（吉沢伝三郎訳、ちくま学芸文庫）

同じ抽象的思考でも、ニーチェにおいてはそれを担う言葉のひとつひとつが観念よりも身体そのものに突き刺さってくるように感じられます。有名な「神の死」を宣告する本書は、若い人々にとってはむしろ必読の教養書として推薦されるべき一冊なのですが、それをあえて「読んではいけない」本として挙げたのは、もっぱらその文体が孕んでいる尋常ではない水圧の高さゆえです。「さあ、かなたを見よ、太陽が焦燥に駆られつつ海を越えて来るさまを見よ！　きみたちは、太陽の愛の、渇きと熱い息とを感じないか？」といったフレーズを読んで、その意味を理解するより先に体が反応してしまう人は、くれぐれも注意しなければなりません。これはナイーヴな魂を焼き尽くしかねないほどの強烈なエネルギーを放射する、壮大なアジテーションの書物なのです。

6　フリードリッヒ・ニーチェ『ツァラトゥストラ』上・下（『ニーチェ全集』第九・一〇巻、ちくま学芸文庫）

マルキ・ド・サド『悪徳の栄え』（澁澤龍彦訳、河出文庫）

サドとニーチェは、直接の影響関係はありませんが、何かにつけて関連づけられることの多い固有名詞です。おそらく両者の思考のありようが、現れ方こそまったく異なるものの、本質的に同じ形而上学的ヴェクトルに貫かれているからでしょう。次々と展開される酸鼻をきわめた光景は、確かに正視に耐えない残虐さに彩られてはいますが、本書では同時に独特な「悪の哲学」も長々と語られており、いわゆる「サディズム」なるものが意外にも純粋な観念の産物であることが窺えます。作者は生涯の三分の一を獄中で過ごしましたが、狭苦しい密室に幽閉されていたからこそ想像力の翼はなお一層大きくはばたいたということでしょうか。いずれにせよ「自分の名を永遠に世人の記憶から抹殺せよ」という遺言に反して、今やその名が人口に膾炙しているのはなんとも皮肉です。

ジョルジュ・バタイユ『眼球譚』（生田耕作訳、河出文庫）

バタイユもまた、サドやニーチェと同じ精神的系譜に属する著述家でした。彼が匿名で刊行したこの処女作は、人間がこのような書物を生み出しうるという事実そのものが読者を驚かせずにはいないまことに背徳的・瀆神的なポルノグラフィーで、「読んではいけない」という点で言えばこれ以上の書物はおそらく稀でしょう。実際、ここにタイトルを記すことには正直のところ相当の躊躇を覚えました。もちろんバタイユの思想全体を踏まえた上で逆照射してみれば、本書も「エロティシズム」とか「聖性」といった観念の隠喩的展開であることは理解できるのですが、それにしても提示

7 マルキ・ド・サド『悪徳の栄え』上・下（河出文庫）

8 ジョルジュ・バタイユ『眼球譚〈初稿〉』（河出文庫）

されるイメージのなまなましい迫力は理屈を超えて衝撃的です。その種のことに免疫のない人、そしてあくまでも由緒正しい「教養」を身につけたい人は、けっして手に取ってはいけません。

谷崎潤一郎『鍵』（中公文庫）

エロティシズムという観点からふたたび日本文学に目を向けてみれば、やはり性の機微を描いて並ぶ者のないこの作者の上にどうしても視線が止まります。本編は夫婦の日記形式になっていて、全篇の半分近くが片仮名で書かれているためにいささか読みにくい作品ですが、その読みにくさがいかにも隠微な内容と不思議な共鳴効果を醸し出しています。少年時代に初めて読んだときには、それこそ落ちていた「鍵」をたまたま拾って開けてはいけない扉を間違って開けてしまったような後ろめたさを覚えたものでした。数ある谷崎作品の中でも、秘密めいた雰囲気と際どい描写において比類のないまさに大人のための小説で、充分に成熟しきっていない人間がうっかり読んではいけない本なのだという印象は今も変わりません。

ウィリアム・フォークナー『サンクチュアリ』（加島祥造訳、新潮文庫）

その『鍵』の一方の語り手である夫の日記には、「僕ハフォークナーノサンクチュアリヲ読ミカケテキタ」という一節が出てきます。当時はいったい何のことだかわからず、何やら呪文めいたものでも読んでいるのかと思いましたが、後にこの作品の存在を知って実際に通読したときには、二度と這い上がることのできない暗い穴の底に

9　谷崎潤一郎『鍵』（中公文庫）

10　ウィルアム・フォークナー『サンクチュアリ』（新潮文庫）

引きずり込まれたような、わけのわからない戦慄に襲われました。不気味な登場人物たちが棲息する「サンクチュアリ＝聖域」で展開される陰惨きわまりない物語は、歪んだ欲望、鬱屈した悪意、非情な暴力など、人間の闇の部分を執拗に描いており、読後感が良くない点では際立っていますから、ひたすら健康な「教養」の獲得と蓄積を目指して本を読もうとする人は読まないほうがいいでしょう。

ジャン・ジュネ『ブレストの乱暴者』（澁澤龍彦訳、河出文庫）

読後感の悪さという点では、「泥棒作家」ジュネの諸作品も負けてはいません。彼の小説はどれも既成の価値観を根底から覆す侵犯的要素に溢れていますが、本書はその代表的一冊と言っていいでしょう。殺人と男色を描いた世界はどこまでも深い孤独に貫かれて救いがなく、犯罪にも同性愛にも興味のない健全な読者はおそらく気が滅入ってくるにちがいありません。しかし汚辱にまみれた主人公の表情の陰から、サルトルが「聖ジュネ」と呼んだ作家の相貌がふと立ち現れる瞬間、私たちは自分の生きている世界が余りにも小さな振幅の内に収まっていることをあらためて認識させられるのです。文学とはそもそも、穢れが聖性へと不意に逆転するこの稀有な瞬間に向けて言葉を絞り出す営みにほかならないのではなかったか――そんなことを思わずにはいられない作品です。

アルチュール・ランボー『地獄の季節』（小林秀雄訳、岩波文庫）

ジュネに限らず、フランス文学の世界には同性愛者の作家が数多く存在しますが、

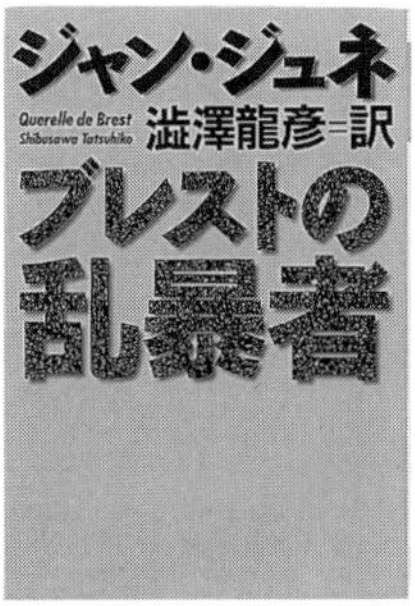

11　ジャン・ジュネ『ブレストの乱暴者』（河出文庫）

最も有名な例はランボーとヴェルレーヌのカップルではないでしょうか。前者が十代で書いたこの奇跡的な作品は、中途半端な才能をすべて色褪せさせてしまう真正の「天才」というものが確かに存在することを強烈に印象づけます。自分が多少なりとも文学的才能に恵まれているのではないかと自惚れている人にとっては、やはり極めつけの「読んではいけない」作品と言えるでしょう（ちなみにランボー自身、パリ国立図書館の「地獄」と呼ばれる発禁本コーナーで、数々の「読んではいけない」書物に読み耽っていたというエピソードをもっています）。しかし万が一読もうという気になった場合は、同じ作品でも訳者によっていかに違った相貌をまとうかを知るために、ここに挙げた版以外のさまざまな訳をぜひ読み比べてみてください。

原口統三『二十歳のエチュード』（角川文庫、ちくま文庫近刊）

本書の著者は旧制一高の寮（今はなき駒場寮）の一室に住み、ランボーを愛読し、終戦の翌年に十九歳で入水自殺した早熟の俊秀です。こう書くとよくある「青白い文学青年の自殺」という物語に回収されてしまいかねませんが、彼の残した手記は驚くほどの成熟ぶりと思考の強靭さを示しており、人が自死を遂げるのは「弱さ」ゆえではなく、むしろ過剰な「強さ」ゆえなのではないかという気にさせられます。「僕の精神は血にまみれて歩く」とか「愛はまさにわれわれの故郷に違いない。僕は故郷を持たぬ」といったアフォリズムの数々は、最初に読んだとき、名状しがたい切実さで私の肉に鋭く食い入ってきました。一人前に自殺願望に取り憑かれたこともないでは

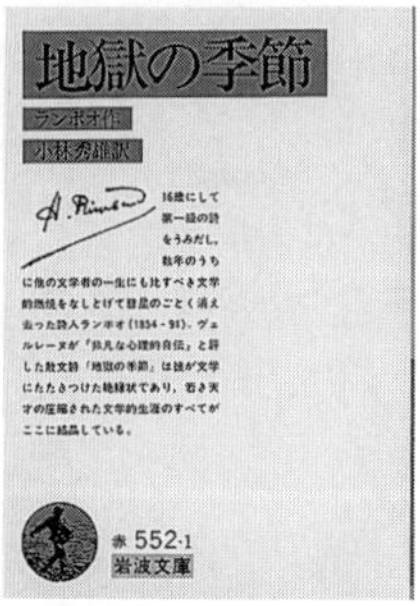

12　ランボオ『地獄の季節』（岩波文庫）

13　原口統三『二十歳のエチュード』（角川文庫品切、ちくま文庫近刊）

ない若年の私にとっては、まさに眩しくも危うい魅惑に満ちた書物であったことを告白しておきます。

トーマス・マン『ヴェニスに死す』（高橋義孝訳、新潮文庫『トニオ・クレーゲル　ヴェニスに死す』）

夭折が無条件に美しいわけではないのと同様に、中年の死が無条件に醜いわけでもありません。ルキノ・ヴィスコンティ監督によって映画化されたことでも有名な本書は、静養先のヴェニスでこの世ならぬ美少年に出会い、その蠱惑的な容姿に魅せられ呪縛された中年作家が死に至るまでの魂の彷徨を描いた小品です。同性愛のモチーフはそれほど表に出ていませんが、痛ましいまでの高貴さに包まれた美の殉教者アシェンバハの姿は、「滅びの美学」に誘惑されやすい体質の持主、特にある程度人生経験を積んだ中年の読者を危うい魅力で陶酔させずにはいないでしょう。映画ではマーラーの交響曲第五番第四楽章をバックに、コレラの蔓延するヴェニスの街を彷徨する主人公の姿が印象的でした。こんな死なら死んでもいいかもしれないと思わせるような、甘美な毒を放射する一篇です。

ロートレアモン伯爵『マルドロールの歌』（石井洋二郎訳、ちくま文庫『ロートレアモン全集』）

私にとって究極の「読んではいけない（いけなかった）本」といえば、やはり本書を措いてほかにありません。「誰もがみな、この後に続くページを読むのはよろしくない。数人の者だけが、この苦い果実を危険なしに味わえるであろう。それゆえ、臆

14 トーマス・マン『トニオ・クレーゲル／ヴェニスに死す』（新潮文庫）

15 ロートレアモン「マルドロールの歌」（『イジドール・デュカス ロートレアモン全集』、ちくま文庫）

病な魂の持主よ、このような未踏の荒れ地にこれ以上入りこまぬうちに、踵を返せ、前進するな」という、まさにそれ自身が「読んではいけない本」であることを明確に宣言する冒頭の一節に挑発されてうっかり前進してしまった私は、他にありえたかもしれない進路を（愚かにも？）放棄して、そのまま「道を踏み外して」しまったのでした。今にして思えば、これは「冷たい制度」よりも「熱い個人」の側に身を置くという倫理的選択でもあったわけです（そんな決断をした自分がいざ大学教師になってみると、組織の枠組の中でむしろ前者の側に属する人間であるかのように見られる機会が多いのは皮肉なことですが）。ともあれ、それが本当に自分がなすべき決断であったのかどうかはわかりません。おそらく今後もわかる時は来ないでしょう。

以上が私という個人にとっての「読んではいけない本15冊」です。まことにとりとめのない選択ではありましたが、もしそれらに共通して言えることがあるとすれば、いずれもおよそ「啓蒙」とは無縁なものばかりであるということでしょうか。道に迷ったとき、一冊の書物が一条の光明をもたらして進むべき方向を照らし出してくれることは無論ありえますが、中にはそれを読んでしまったがために、なお一層森の奥深く迷い込んでしまうような書物もあるものです。しかし深く迷うことへの可能性が開かれていることもまた、「教養」なるものの欠かせない一側面なのではないでしょうか？　そうした回路をあらかじめ閉ざした直線的な歩みだけを「教養」と呼ぶのだとすれば、そんな教養にいったい何の意味があるのでしょう？　それを読んでしまったために今ある自分を揺さぶられ、突き崩され、解体され、その結果多少なりとも以前の自分とは異なる自分を発見するのでなければ、いったい人は何のために本を読むのでしょう？　ここで紹介したかったのは、もっぱらそういった「美しき惑い」へと読者をいざなう反・啓蒙的な書物なのです。

読んではいけない本15冊

大江健三郎『われらの時代』（新潮文庫、改版一九九〇年）
ヘンリー・ミラー『北回帰線』（大久保康雄訳、新潮文庫、一九六九年）
ルイ＝フェルディナン・セリーヌ『夜の果てへの旅』（上・下）（生田耕作訳、中公文庫、改版二〇〇三年）
ドストエフスキー『地下室の手記』（江川卓訳、新潮文庫、改版一九九三年）
埴谷雄高『死霊』（Ⅰ・Ⅱ・Ⅲ）（講談社文芸文庫、二〇〇三年）
フリードリッヒ・ニーチェ『ツァラトゥストラ』（上・下）（吉沢伝三郎訳、『ニーチェ全集』第九・一〇巻、ちくま学芸文庫、一九九三年）〔『ツァラトゥストラ』（Ⅰ・Ⅱ）（手塚富雄訳、中公クラシックス、二〇〇二年）／『ツァラトゥストラはこう言った』（上・下）（氷上英廣訳、岩波文庫、一九七〇年、ワイド版一九九五年）〕
マルキ・ド・サド『悪徳の栄え』（上・下）（澁澤龍彦訳、河出文庫、一九九〇年）
ジョルジュ・バタイユ『眼球譚〔初稿〕』（生田耕作訳、河出文庫、二〇〇三年）
谷崎潤一郎『鍵』（中公文庫、一九七三年）〔『鍵、瘋癲老人日記』（新潮文庫、一九六八年）〕

ウィリアム・フォークナー『サンクチュアリ』(加島祥造訳、新潮文庫、改版二〇〇二年)
ジャン・ジュネ『ブレストの乱暴者』(澁澤龍彦訳、河出文庫、二〇〇二年)
ランボオ『地獄の季節』(小林秀雄訳、岩波文庫、改版一九七〇年)『地獄の季節　ランボオ詩集』(粟津則雄訳、集英社文庫、一九九二年)／『ランボー全詩集』(宇佐美斉訳、ちくま文庫、一九九六年)〕
原口統三『二十歳のエチュード』(角川文庫、改版一九七〇年) *品切〔ちくま文庫近刊〕
トーマス・マン『トニオ・クレーゲル／ヴェニスに死す』(高橋義孝訳、新潮文庫、改版一九九五年)〔トオマス・マン『ヴェニスに死す』(実吉捷郎訳、岩波文庫、改版二〇〇〇年)〕
ロートレアモン「マルドロールの歌」(『イジドール・デュカス　ロートレアモン全集』石井洋二郎訳、ちくま文庫、二〇〇五年)

COLUMN

アジアを語る

古田元夫

近代日本はアジアにどのように向かい合ってきたのか、その歴史を振り返ることが、いま重要な意味をもっているのではなかろうか。「西洋に学び、西洋に追いつき、西洋を追い越せ」を目標とした日本が、「大東亜共栄圏」「近代の超克」を唱えて引き起こした戦争に敗北し、「戦後」と言われる時代がはじまった時、多くの人々が、敗戦という悲劇の原因の一つは日本の近代化が不徹底であったという、日本の「後進性」＝「アジア性」にあると考えた。ここでは、「アジア」は「後進」と同義であり、日本はそのような「アジア」の一部の「後進」的存在だった。

竹内好『日本とアジア』（ちくま学芸文庫，1993 年）

この時代に、日本とは峻別される東洋の存在を指摘し、東洋との対比で近代日本を批判したのが、竹内好である（竹内好『日本とアジア』、特に一九四八年の「中国の近代と日本の近代」）。竹内は、魯迅や中国の近代に象徴される「東洋の抵抗」に、「抵抗」がなく「主体性」を喪失した「優等生」たる近代日本を超えるものを見出している。また、江口朴郎は、「先進」と「後進」という議論が、ある国の内部だけを見て行われていることを批判し、帝国主義の時代においては、帝国主義の支配という国際的契機が、ある社会の封建的要素などの後進性を強化する場合があることを指摘している（江口朴郎『帝国主義と民族』、特に一九五〇年の「帝国主義の諸問題」）。竹内や江口が見ていたアジアは、日本にさまざまな分野での挑戦をつきつけている今日のアジアとは大きく異なっている。しかし、二人の議論の中に、現在、私たちがアジアを語る際の基本的問題の多くが、すでに提示されていると私は考える。

あとがき

山本　泰

駒場キャンパスの一角に最近作られた小さな和室で、今夜茶会が開かれ、私もそこに招かれた。茶の席と言えば、なにか堅苦しいものと思われるかもしれないが、その基本は——同席した小林康夫さんによれば——〈遊び〉であり、遊ぶことを楽しむ心である。

その作法のひとつに、愛《め》でるということがある。手に取った器であれ、床の間におかれている一輪の花であれ、自分の手に取り、自分の目で見て、それを短い自分の言葉でほめる。これが意外と難しい。

「もの」には、ひとつひとつの由来や固有性がある。もちろんそれについて蘊蓄《うんちく》を傾けることはできるが、それは愛でることの本質とはほど遠いらしい。茶道の素人である私の感じから言うと、愛でるには、もう少し別の要素が必要である。それは、自分と「もの」との「かかわり」の次元である。今ここにいる私が、この「もの」との出会いをどう受け止められるか。フランスの哲学者の以下の文を注意深く読んでもらいたい。

「語の意味というものは、対象のもつ若干の物的諸特性によってつくられてはいず、それはなによりも、その対象が或る人間的経験のなかでとる局面、たとえば、〈あられ〉という語の意味なら、空からすっかりできあがって降ってきたこの固く、もろく、水に溶けやすい粒々のまえでの私のおどろきのことなのだ。それは人間的なものと非人間的なものとのひとつの出会いであり、いわば世界の或る行動、そのスタイルの或る屈折である。……してみると、言語はたしかに言語の意識を、意識の沈黙を前提としており、これが語る世界を包みこみ、ここからまずはじめに語が形状と意味とを受けとるわけである。……語られたコギト、言表と本質的真理とに転換されたコギトの彼方に、たしかに黙せるコギト、私による私の体験というものがある」(メルロー=ポンティ『知覚の現象学2』、竹内芳郎ほか訳、みすず書房、一九七四年、二九六頁)

今ここにいる私が、この「もの」との出会いをどう受け止められるか? この手にある器も、一輪の花もそこにあるだけではない。あるものを、見えるものを、私がどう〈見る〉のか。ここでは見ることの倫理が問われるのであり、そこにこそ実はこの本で問題になっている「教養」の内実が賭けられている。

「花であることでしか／拮抗できない外部というものが／なければならぬ／花へおしかぶさる重みを／花のかたちのまま／おしかえす／そのとき花であることは／もはやひとつの宣言である／ひとつの花でしか／ありえぬ日々をこえて／花でしかついにありえぬために／花の周辺は的確にめざめ／花の輪廓は／鋼鉄のようでなければならぬ」（石原吉郎『現代詩文庫26　石原吉郎詩集』、思潮社、一九六九年、五八頁）

教養学部には、運営諮問会議というものが二年ほど前から設けられており、学外の著名な先生方から教養学部のあり方について、さまざまな意見をいただく機会がある。二〇〇三年一一月五日の第一回会合で、委員のひとりである蓮實重彥さん（かつての教養学部長・東京大学総長）から、次のような指摘を受けた。「教養教育という言葉は必ずしも適当でない。教養という言葉には一定の意味があり、それが教育と結びつくと具体的に何を指すのか疑問であるし、何をめざしているかも分りにくい」。

この発言は、おそらく、私たち教養学部の教員が日ごろ普通に使っている「教養」という言葉自体にも向けられているのだろうということはすぐにわかった。「きょうようがある」と言えば、「今日用がある」が普通である人々に対して、私たちが「教養がある」人間を目指せとか、「教養は価値なのだ」と言い続けてきたことに対する大きな疑問符を突きつけられたような気持ちになった。

蓮實さんの真意は、「教養とは何かを自明視せずに、もっときちんと説明しなさい」ということにあったと思う。この発言に促されるようにして、私たちも、私自身もいろいろなことを考えた。このことは今夜の茶会で足のしびれに耐えながらも考えたが、それだけではない。

その時考えたことのひとつは、どうしたら人間は自由になれるか、である。誰でも人は世界の片隅に生まれ、学び——人によっては、子を持ち、子を育て——老いて死んでいく。人生は誰しも与えられたものであって、なるようにしかならないものだというのも本当だ。そこで自由とは何だろう？　その自由を拠り所にして、「なるようにしかならない人生」を超えて、「よく生きよう」とする気持ちが沸いてくることがあったらどうだろう。そのような力をどうやって自分の中に育てていけばよいのだろうか？　そのような心の転機が訪れるとしたら、それこそはエピファニーと言われるべきだ。

「驚くほど多くのことがらが思い出というよりも願望であり、誰もがうまくゆくというように事がうまく運ぶことへの望み、あることがらから次のことがらへの連鎖が何かの方向性をもっていてほしいという願い、そして混乱のなかから識別可能なパターンが浮かびあがること、これらは、すなわちエントロピーのなかからの、エピファニー（真実の顕現）の期待なのである」（ルイス・トマス『人間というこわれや

すい種』、石館康平ほか訳、晶文社、一九九六年、三四頁)

エピファニーとは、ミルチャ・エリアーデの著作で深められた概念であるが、ルイス・トマス(現代アメリカを代表する医学者のひとり)のこの本も読まれることをぜひ薦めたい。

『教養のためのブックガイド』を手にとって下さった方々にとって、本書がひとつのエピファニーへの導きとなることを念じて、この本を送り出したい。

コラム〝私の薦める本〟リスト

野矢茂樹「**教養がなくってごめんなさい**」〔一一頁〕
ジョルジュ・バタイユ『眼球譚』(『マダム・エドワルダ』所収、生田耕作訳、角川ソフィア文庫、一九七六年)〔『眼球譚〔初稿〕』(生田耕作訳、河出文庫、二〇〇三年)〕
西脇順三郎『西脇順三郎詩集』(現代詩文庫第二期16、思潮社、一九七九年)〔(鍵谷幸信編、白凰社、新装版一九八〇年)/(鮎川信夫編、世界の詩50、彌生書房、一九六七年)〕

蓮實重彥「**フィクションとしての現実**」〔三二頁〕
森鷗外『かのように』〔(『森鷗外全集3』所収、ちくま文庫、一九九五年)/(『ちくま日本文学全集2　森鷗外』所収、一九九二年)〕

エリス俊子「**たゆまない精神の運動**」〔三三一頁〕
石川淳『鷹』『白頭吟』(講談社文芸文庫、一九八八年、一九八九年)＊品切〔『石川淳全集』所収、第四巻、第五巻、筑摩書房、一九八九年)＊品切〕
石川淳「曽呂利咄」〔全集第一巻所収〕
石川淳『普賢　佳人』(講談社文芸文庫、一九九五年)
エドワード・W・サイード『文化と帝国主義』(全二巻)(大橋洋一訳、みすず書房、一九九八・二〇〇一年)

加藤道夫「**ル・コルビュジェの思考と実践**」〔六八頁〕

ル・コルビジェ-ソーニエ『建築へ』（樋口清訳、中央公論美術出版、二〇〇三年）
ル・コルビュジエ『ル・コルビュジエ全作品集（普及版）』（全八巻）ウィリ・ボジガー、オスカル・ストノロフ編（吉阪隆正訳、A. D. A. EDITA Tokyo、一九七九年）
『ル・コルビュジエの全住宅』東京大学工学部建築科安藤忠雄研究室編（TOTO出版、二〇〇一年）

金子邦彦「分野を分ける前に」［一二〇頁］
M・アイゲン、R・ヴィンクラー『自然と遊戯――偶然を支配する自然法則』（寺本英ほか訳、東京化学同人、一九八一年）
G・ベイトソン『精神の生態学』（改訂第二版）（佐藤良明訳、新思索社、二〇〇〇年）
ジャレド・ダイアモンド『銃・病原菌・鉄――一万三〇〇〇年にわたる人類史の謎』（上・下）（倉骨章訳、草思社、二〇〇〇年）

小森陽一「ギャグと駄洒落の楽しみ」［一四三頁］
夏目漱石『吾輩は猫である』［（岩波文庫、改版一九九〇年）／（角川文庫、一九六二年）／（新潮文庫、一九六一年）など］

遠藤貢「紛争と人々」［一四四頁］
栗本英世『民族紛争を生きる人々――現代アフリカの国家とマイノリティ』（世界思想社、一九九六年）
『安全保障の今日的課題』（人間の安全保障委員会報告書、朝日新聞社、二〇〇三年）
山岸俊男『信頼の構造――こころと社会の進化ゲーム』（東京大学出版会、一九九八年）

岡本和夫「自省の能」〔一六五頁〕
中江兆民『日本の名著36　中江兆民』（河野健二編、中公バックス、一九八六年）
福沢諭吉『新訂　福翁自伝』（富田正文校訂、岩波文庫、一九七八年）
藤原松三郎『常微分方程式論』（岩波書店、第五版一九四九年）＊品切

北川東子「歩くように読むこと　ショーペンハウアーの教え」〔一六六頁〕
アルトゥール・ショーペンハウアー『意志と表象としての世界』（Ⅰ・Ⅱ・Ⅲ）（西尾幹二訳、中公クラシックス、二〇〇四年）
『ショーペンハウアー全集』（全一四巻・別巻一）（金森誠也ほか訳、白水社、新装復刊二〇〇五年）
リルケ『ドゥイノの悲歌』（手塚富雄訳、岩波文庫）＊品切〔（同訳、アトリエＨＢ、二〇〇三年）（岩波文庫からの収録）〕

石田英敬「テレームの僧院へようこそ！」〔一八三頁〕
フランソワ・ラブレー『ガルガンチュアとパンタグリュエル』（全四巻）（宮下志朗訳、ちくま文庫、第一巻二〇〇五年、以下続刊）

黒田玲子「科学的に考えるために」〔一八四頁〕
レイチェル・カーソン『沈黙の春』（青樹簗一訳、新潮社、二〇〇一年）（同訳、新潮文庫、一九七四年）
レイチェル・カーソン『センス・オブ・ワンダー』（上遠恵子訳、新潮社、一九九六年）

Lewis Wolpert and Alison Richards, *Passionate Minds: The Inner World of Scientists* (Oxford University Press, 1997)

ルイス・ウォルパート、アリスン・リチャーズ『科学者の熱い心――その知られざる素顔』（青木薫・近藤修訳、ブルーバックス、一九九九年）

I. Hargittai, *Candid Science I-III* (Imperial College Press, I-2000, II-2002, III-2003)

深川由起子「温かな心と冷静な頭脳」〔二〇二頁〕

山本茂実『あゝ野麦峠――ある製糸工女哀史』（角川文庫、一九七七年）

韓雲史《ハンウンサ》『玄海灘は知っている――阿魯雲伝』（村松豊功訳、角川書店、一九九二年）＊品切

スターリング・シーグレーブ『宋王朝――中国の富と権力を支配した一族の物語』（上・下）（田畑光永訳、サイマル出版会、一九八六年）＊品切

古田元夫「アジアを語る」〔二一七頁〕

竹内好『日本とアジア』（ちくま学芸文庫、一九九三年）

江口朴郎『帝国主義と民族』（東京大学出版会、一九五四年）＊品切

駒場（東京大学教養学部）発、東京大学出版会刊行書リスト

（講義のため、もしくは講義に基づいて刊行された一九九三年以降刊行のテキストを中心とする）

東京大学教養学部英語教室編『The Universe of English』（一九九三年）

東京大学教養学部英語部会編『The Universe of English II』（一九九八年）

『The Universe of English II』［テキスト＋CD４枚］（一九九八年）

東京大学教養学部英語教室編『The Expanding Universe of English』（一九九四年）

東京大学教養学部英語部会編『The Expanding Universe of English II』（二〇〇〇年）

『The Expanding Universe of English II』［テキスト＋CD４枚］（二〇〇〇年）

佐藤良明・柴田元幸編『The Parallel Universe of English』（一九九六年）

ポール・ロシター＋東京大学教養学部英語部会『FIRST MOVES : An Introduction to Academic Writing in English』（二〇〇四年）

近藤安月子・丸山千歌編『中・上級日本語教科書　日本への招待』［テキスト］（二〇〇一年）

『中・上級日本語教科書　日本への招待』［予習シート・語彙・文型］（二〇〇一年）

『中・上級日本語教科書　日本への招待』［CD３枚付セット］（二〇〇一年）

近藤安月子・丸山千歌『中・上級日本語教科書　日本への招待』教師用指導書（二〇〇二年）

東京大学教養学部フランス語部会編『Passages : De France et d'ailleurs』（二〇〇一年）

『Passages : De France et d'ailleurs』［テキスト＋CD２枚］（二〇〇一年）

東京大学教養学部中国語部会編『園地 Yuandi』（二〇〇二年）

『園地 Yuandi』［テキスト＋CD２枚］（二〇〇二年）

東京大学教養学部ドイツ語部会編『Prismen』（二〇〇二年）

　『Prismen』［テキスト＋CD2枚］（二〇〇二年）
東京大学イタリア語教材編集委員会編『Piazza』（二〇〇四年）
　『Piazza』［テキスト＋CD3枚］（二〇〇四年）

東京大学教養学部統計学教室編『基礎統計学Ⅰ　統計学入門』（一九九一年）
東京大学教養学部統計学教室編『基礎統計学Ⅱ　人文・社会科学の統計学』（一九九四年）
東京大学教養学部統計学教室編『基礎統計学Ⅲ　自然科学の統計学』（一九九二年）
東京大学身体運動科学研究室編『教養としてのスポーツ・身体運動』（二〇〇〇年）
東京大学教養学部化学部会編『化学の基礎77講』（二〇〇三年）

小林康夫・船曳建夫編『知の技法――東京大学教養学部「基礎演習」テキスト』（一九九四年）
小林康夫・船曳建夫編『知の論理』（一九九五年）
小林康夫・船曳建夫編『知のモラル』（一九九六年）
小林康夫・船曳建夫編『新・知の技法』（一九九八年）
川本皓嗣・小林康夫編『文学の方法』（一九九六年）
川本皓嗣・井上健編『翻訳の方法』（一九九七年）
草光俊雄・小林康夫編『未来のなかの中世』（一九九七年）
義江彰夫・山内昌之・本村凌二編『歴史の文法』（一九九七年）
義江彰夫・山内昌之・本村凌二編『歴史の対位法』（一九九八年）

シリーズ　リベラル・アーツ
西谷修『夜の鼓動にふれる――戦争論講義』（一九九五年）

小森陽一『出来事としての読むこと』（一九九六年）
桑野隆『夢みる権利――ロシア・アヴァンギャルド再考』（一九九六年）
丹治愛『ドラキュラの世紀末――ヴィクトリア朝外国恐怖症《ゼノフォービア》の文化研究』（一九九七年）
工藤庸子『恋愛小説のレトリック――「ボヴァリー夫人」を読む』（一九九八年）
石井洋二郎『文学の思考――サント＝ブーヴからブルデューまで』（二〇〇〇年）
三浦篤『まなざしのレッスン　1西洋伝統絵画』（二〇〇一年）
藤井貞和『物語理論講義』（二〇〇四年）

『表象のディスクール』（全六巻）

1 小林康夫・松浦寿輝編『表象――構造と出来事』（二〇〇〇年）
2 小林康夫・松浦寿輝編『テクスト――危機の言説』（二〇〇〇年）
3 小林康夫・松浦寿輝編『身体――皮膚の修辞学』（二〇〇〇年）
4 小林康夫・松浦寿輝編『イメージ――不可視なるものの強度』（二〇〇〇年）
5 小林康夫・松浦寿輝編『メディア――表象のポリティクス』（二〇〇〇年）
6 小林康夫・松浦寿輝編『創造――現場から／現場へ』（二〇〇〇年）

シリーズ言語態（全六巻）

1 山中桂一・石田英敬編『言語態の問い』（二〇〇一年）
2 藤井貞和・エリス俊子編『創発的言語態』（二〇〇一年）
3 宮下志朗・丹治愛編『書物の言語態』（二〇〇一年）
4 臼井隆一郎・高村忠明編『記憶と記録』（二〇〇一年）
5 石田英敬・小森陽一編『社会の言語態』（二〇〇二年）

6　池田信雄・西中村浩編『間文化の言語態』（二〇〇二年）

シリーズ言語科学（全五巻）

1　伊藤たかね編『文法理論：レキシコンと統語』（二〇〇二年）
2　西村義樹編『認知言語学1：事象構造』（二〇〇二年）
3　大堀壽夫編『認知言語学2：カテゴリー化』（二〇〇二年）
4　生越直樹編『対照言語学』（二〇〇二年）
5　上田博人編『日本語学と言語教育』（二〇〇二年）

浅野攝郎・大森彌・川口昭彦・山内昌之編『東京大学は変わる——教養教育のチャレンジ』（二〇〇〇年）

執筆者紹介 〔五十音順。生年、東京大学大学院所属研究科・専攻、著書等〕

浅島　誠（あさしま　まこと）

一九四四年生れ。日本学術振興会理事・東京大学名誉教授。

『発生のしくみが見えてきた』（岩波書店）、『新しい発生生物学―生命の神秘が集約された「発生」の驚異』（共著、講談社ブルーバックス）、『分子発生生物学―動物のボディープラン』（共著、裳華房）。

石井洋二郎（いしい　ようじろう）

一九五一年生れ。総合文化研究科教授・地域文化研究。

『差異と欲望―ブルデュー〈ディスタンクシオン〉を読む』（藤原書店）、『文学の思考―サント=ブーヴからブルデューまで』（東京大学出版会）、『告白的読書論』（中公文庫）。

石浦章一（いしうら　しょういち）

一九五〇年生れ。総合文化研究科教授・生命環境科学。

『生命のしくみ』（日本実業出版社）、『よくわかる生命科学―人間を主人公とした生命の連鎖』（サイエンス社）、『わかる脳と神経』（羊土社）、『ＩＱ遺伝子―知性は遺伝するか』（丸善）。

石田英敬（いしだ　ひでたか）

一九五三年生れ。情報学環（総合文化研究科兼担）教授・メディア研究。

『ミシェル・フーコーの世紀』（共著、筑摩書房）、シリーズ言語態（共編）『1　言語態の問い』『5　社会の言語態』、『記号の知／メディアの知―日常生活批判のためのレッスン』（東京大学出版会）。

エリス俊子（えりす　としこ）

一九五六年生れ。総合文化研究科助教授・言語情報科学。

『萩原朔太郎―詩的イメージの構成』（沖積舎）、『シリーズ言語態2　創発的言語態』（共編、東京大学出版会）。『越境する想像力』（共著、人文書院）。

遠藤　貢（えんどう　みつぎ）

一九六二年生れ。総合文化研究科教授・国際社会科学。

『国際社会5　グローバル化と社会変動』（共著、東京大学出版会）、『国家・暴力・政治―アジア・アフリカの紛争をめぐって』（共著、アジア経済研究所）、『グローバル化の行方』（共著、新世社）。

岡本和夫（おかもと　かずお）

一九四八年生れ。東京大学名誉教授。

『微分積分読本』（朝倉書店）、『微分と積分』『行列と一次変換』（岡本和夫の基礎数学シリーズ、実教出版）、『数学者は城の中？』（共著、日本評論社）、『パンルヴェ方程式』（岩波書店）。

加藤 道夫（かとう みちお）

一九五四年生れ。総合文化研究科教授・広域システム科学。『ル・コルビュジエ 建築が語る空間と時間』、『総合芸術家ル・コルビュジエの誕生――評論家・画家・建築家』（丸善出版）。

金子 邦彦（かねこ くにひこ）

一九五六年生れ。総合文化研究科教授・相関基礎科学。『生命とは何か―複雑系生命科学へ』（東京大学出版会）、『カオスの紡ぐ夢の中で』（小学館文庫）、『複雑系のカオス的シナリオ』『複雑系の進化的シナリオ―生命の発展様式』（共著、朝倉書店）。

北川 東子（きたがわ さきこ）

一九五二年生れ。総合文化研究科教授・比較文学比較文化。『ハイデガー―存在の謎について考える』（NHK出版）、『ゲオルク・ジンメル―生の形式』（講談社）、『ディルタイと現代―歴史的理性批判の射程』（共著、法政大学出版局）。［二〇一一年逝去］

木畑 洋一（きばた よういち）

一九四六年生れ。成城大学法学部教授・国際関係史・東京大学名誉教授。『帝国のたそがれ―冷戦下のイギリスとアジア』（東京大学出版会）、『国際体制の展開』（山川出版社）、『大英帝国と帝国意識―支配の深層を探る』（編著、ミネルヴァ書房）。

黒田 玲子（くろだ れいこ）

一九四七年生れ。東京理科大学総合研究機構教授・東京大学名誉教授。『生命世界の非対称性―自然はなぜアンバランスが好きか』『科学を育む』（中公新書）、『化学のすすめ』（共編著、筑摩書房）。

小林 康夫（こばやし やすお）

一九五〇年生れ。総合文化研究科教授・表象文化論。『知のオデュッセイア――教養のためのダイアローグ』（東京大学出版会）、『歴史のディコンストラクション』、『存在のカタストロフィー』（未來社）、『こころのアポリア』（羽鳥書店）、『ミケル・バルセロの世界』（未來社）。

小森 陽一（こもり よういち）

一九五三年生れ。総合文化研究科教授・言語情報科学。『構造としての語り』（新曜社）、『文体としての物語』（筑摩書房）、『漱石を読みなおす』（ちくま新書）、『出来事としての読むこと』（東京大学出版会）、『歴史認識と小説―大江健三郎論』（講談社）。

佐藤 勝彦（さとう かつひこ）

一九四五年生れ。東京大学名誉教授・自然科学研究機構長・物理学。「宇宙論入門」（岩波新書）、「眠れなくなる宇宙のはなし」（宝島社）、「インフレーション宇宙論―ビッグバンの前に何が起こったか」（講談社ブルーバックス）、「宇宙137億年の歴史」（角川選書）「相対性理論から100年でわかったこと」（PHPサイエンス・ワールド新書）、

『宇宙は無数にあるのか』(集英社)

髙田 康成(たかだ やすなり)
一九五〇年生れ。総合文化研究科教授・表象文化論。
『キケローヨーロッパの知的伝統』(岩波新書)、『クリティカル・モーメント』(名古屋大学出版会)、*Plato and the English Imagination*(共著 Cambridge University Press)、*Classics and National Cultures*(共著 Oxford University Press)。

中島 隆博(なかじま たかひろ)
一九六四年生れ。東洋文化研究所准教授・表象文化論。
『残響の中国哲学―言語と政治』(東京大学出版会)、『ヒューマニティーズ 哲学』(岩波書店)、『共生のプラクシス―国家と宗教』(東京大学出版会)、『悪の哲学―中国哲学の想像力』(筑摩書房)。

野崎 歓(のざき かん)
一九五九年生れ。人文社会研究科教授・仏文学。
『ジャン・ルノワール 越境する映画』(青土社)、『フランス文学と愛』(講談社現代新書)、『谷崎潤一郎と異国の言語』(人文書院)、『香港映画の街角』(青土社)。

野矢 茂樹(のや しげき)
一九五四年生れ。総合文化研究科教授・超域文化科学。
『論理学』(東京大学出版会)、『心と他者』(中公文庫)、『哲学の謎』

『無限論の教室』(講談社現代新書)、『哲学・航海日誌』(中公文庫)、『語りえぬものを語る』(講談社)。

蓮實 重彥(はすみ しげひこ)
一九三六年生れ。東京大学名誉教授。映画批評・表象文化論。
『監督 小津安二郎〔増補決定版〕』(筑摩書房)、『映画狂人』シリーズ(河出書房新社)、『スポーツ批評宣言 あるいは運動の擁護』(青土社)、『映画への不実なる誘い 国籍・演出・歴史』(NTT出版)。

長谷川 寿一(はせがわ としかず)
一九五二年生れ。総合文化研究科教授・生命環境科学。
『心の進化―人間性の起源を求めて』(共著、岩波書店)、『はじめて出会う心理学』(共著、有斐閣)、『進化と人間行動』(共著、東京大学出版会)。

兵頭 俊夫(ひょうどう としお)
一九四六年生れ。東京大学名誉教授。
『電磁気学』(裳華房)、『考える力学』(学術図書出版社)、『熱学入門―マクロからミクロへ』(共著、東京大学出版会)。

深川 由起子(ふかがわ ゆきこ)
一九五八年生れ。総合文化研究科教授・言語情報科学。
『韓国―ある産業発展の軌跡』(日本貿易振興会)、『韓国・先進国経済論―成熟過程のミクロ分析』(日本経済新聞社)、『図解 韓国のしくみ』（中経出版）。

古田　元夫（ふるた　もとお）

一九四九年生れ。総合文化研究科教授・地域文化研究。

『歴史としてのベトナム戦争』（大月書店）、『ベトナムの世界史—中華世界から東南アジア世界へ』（東京大学出版会）、『ホー・チ・ミン—民族解放とドイモイ』（岩波書店）。

ボチャラリ、ジョン（Boccellari, John J.）

一九四九年生れ。明治大学文学部特任教授・東京大学名誉教授。

『自伝文学の世界』（共著、朝日出版社）、『異文化を生きた人々』（共著、中央公論社）、『日・中・英言語文化事典』（共編、マクミラン・ランゲージハウス）。

山内　昌之（やまうち　まさゆき）

一九四七年生れ。明治大学国際総合研究所特任教授・国際関係史、イスラーム地域研究。

『スルタンガリエフの夢—イスラム世界とロシア革命』（東京大学出版会）、『中東国際関係史』（岩波書店）、『帝国と国民』（岩波書店）。

山本　泰（やまもと　やすし）

一九五一年生れ。総合文化研究科教授・国際社会科学。

『アメリカと日本』（共著、東京大学出版会）、『儀礼としての経済—サモア社会の贈与・権力・セクシュアリティ』（共著、弘文堂）、『社会学ワンダーランド』（共編著、新世社）。

小林康夫・船曳建夫 編 **知の技法** A5 一五〇〇円

小林康夫・船曳建夫 編 **知の論理** A5 一八〇〇円

小林康夫・船曳建夫 編 **知のモラル** A5 一五〇〇円

小林康夫・船曳建夫 編 **新・知の技法** A5 一六〇〇円

木下直之・岸田省吾・大場秀章 著 **東京大学本郷キャンパス案内** A5 一八〇〇円

ここに表示された価格は本体価格です．御購入の際には消費税が加算されますので御了承下さい．

教養のためのブックガイド

2005年3月28日　初　版
2014年4月11日　第4刷

［検印廃止］

編　者　小林康夫・山本　泰

発行所　一般財団法人　東京大学出版会
代表者　渡辺　浩
153-0041　東京都目黒区駒場4-5-29
電話　03-6407-1069　Fax　03-6407-1991
振替　00160-6-59964

印刷所　株式会社三陽社
製本所　誠製本株式会社

© 2005 Y. Kobayashi and Y. Yamamoto
ISBN 978-4-13-003323-7　Printed in Japan

JCOPY 〈㈳出版者著作権管理機構　委託出版物〉
本書の無断複写は著作権法上での例外を除き禁じられています．複写される場合は，そのつど事前に，㈳出版者著作権管理機構（電話 03-3513-6969，FAX 03-3513-6979，e-mail: info@jcopy.or.jp）の許諾を得てください．

書名索引

［イタリックの数字のページには書影掲載］

あ　行

か　行

た　行

な　行

は　行

ま 行

や 行

ら 行

わ 行

A-Z

著者名索引

［イタリックの数字のページには書影掲載］

あ　行

か　行

さ　行

た　行

な　行

は　行

ま　行

や　行

ら　行

わ　行

A-Z